В этой книге много надежды, заботы и бережного отношения — к местам, людям, миру, да и самой себе. Кажется, это то, чему всем нам сейчас стоило бы поучиться.

*Антон Кашликов,
издатель 34travel*

Автор этой книги — не кристалл, но сосуд: читатель и есть вода, которая его заполняет. Эти тексты читаешь, будто собственный дневник о путешествиях, которые почему-то забыл, а теперь вспомнил: вот оно! Я искренне не понимаю, как это работает — сцепка образов с памятью происходит на уровне эмпатической имплантации.

*Татьяна Замировская,
писательница*

Мария Гулина

Летела белая птица

рассказы о путешествиях

Maria Gulina
A White Bird Was Flying
Skaryna Press
London

Гулина, М.
Летела белая птица : рассказы о путешествиях / Мария Гулина. — Лондон : Skaryna Press, 2024. — 136 с.

Мария Гулина — журналистка и писательница из Беларуси. Она пять лет работала редакторкой онлайн-журнала о путешествиях 34travel, а кроме этого — год волонтёрила в экологической организации в Чехии, строила экотропы на Байкале, пробовала себя в качестве матроса парусного корабля у побережья Португалии и искала следы семейной истории на Камчатке. В книге собраны истории из этих и других путешествий. От Венеции до Сан-Франциско, от Копенгагена до Нового Орлеана — нежные и легкие рассказы о важности осмысленных отношений с тем местом, где ты находишься, — год или день.

ISBN 978-1-915601-42-1 (печатная книга)
ISBN 978-1-915601-43-8 (электронная книга)

Редакторы *Наталья Поваляева, Екатерина Морголь*
Иллюстрации *Анастасия Позняк / @ernstpozniak*
Дизайн обложки *Деклан Конноли / @bigmothonline*
Корректура *Василь Нестерович*

Copyright © Мария Гулина, 2024
Copyright © Анастасия Позняк, иллюстрации, 2024
Copyright © Declan Connolly, дизайн обложки, 2024
Copyright © Skaryna Press, дизайн, 2024

От автора

Я писала заметки о своих путешествиях с 2012-го года, когда впервые поехала участвовать в летней школе в Берлине. Со временем самым интересным стали не путешествия сами по себе и не смена картинки за окном.

Проверить себя на прочность — соответствую ли я своей детской мечте быть на парусном корабле? Дать себе дополнительный слой реальности — увижу ли я новый город так, как его видит героиня моей любимой книги, услышу ли его так, как слышит мой любимый джазовый музыкант? Позволить городам показать свою волшебную тайную изнанку — получится ли у меня составить собственный магический атлас?

Многие из этих историй были опубликованы в качестве колонок на 34travel, но формат книги дает больше свободы, и я работала над ними дополнительно во время учебы в «Школе маладога пісьменніка». Истории росли из реальных событий, но получившаяся в итоге книга — художественное произведение, а не документальная проза. Иллюстрации нарисовала художница Анастасия Позняк. Все истории были написаны до 2020-го года.

Зачем приезжаешь в другой город? Чтобы какое-то время побыть кем-то другим. Кем? Никем; розовым воздухом, запахом водорослей, бликами под мостами, отражениями домов в лагунах.

Корабль

В десять лет я знала наизусть маршруты капитанов Джеймса Кука, Жана Лаперуза и Ивана Крузенштерна. Книжка была старой и потрепанной, с библиотечным штампом далекого города, и называлась «Водители фрегатов». Фрегат — трехмачтовый парусный корабль, главное средство перемещения по морю в восемнадцатом веке. С тех пор всё, связанное с морем, вызывает у меня восхищение: паруса, карты, морские узлы, навигационные приборы. В каждом городе я первым делом ищу морской музей. А потом я узнаю про «Штандарт».

Фрегат «Штандарт» — это копия исторического парусника 1703 года, который построили в Санкт-Петербурге энтузиасты и мечтатели. Учебный корабль, который ходит по морям уже двадцать лет — и на неделю к команде может присоединиться любой желающий. Несколько лет я слежу за его странствиями, а потом, в один день одной очень непростой недели, решаю взять жизнь в свои руки, исполнить детские мечты — и заполняю заявку на плавание. Я нажимаю кнопку «отправить». Этот решительный поступок я совершаю в совсем не героической обстановке: на кухне, в пижаме. К счастью, пункт про то, что спать придется в гамаке, а палуба, возможно, будет протекать, я читаю уже после того, как оплата уходит.

И теперь каждый вечер, засыпая в кровати, я думаю: а как же буду засыпать на корабле? Я боюсь морской болезни, шторма, качки, но больше всего боюсь того, что я сама окажусь не очень. Не стоящей даже юнги капитана Кука. Друзья дарят мне открытку с надписью «Кораблю безопасней в порту, но не для того он строился», и я прячу ее в тайный кармашек большого рюкзака ранним утром перед отъездом в Севилью. Маршрут «Штандарта» начинается там: по реке Гвадалквивир мы выйдем в Атлантический океан, обогнем Португалию и причалим в Порту.

***

Конечно, я мечтала, что поднимусь на борт и каким-то мистическим образом сразу пойму, как тут всё устроено. Но вот я поднимаюсь на борт, страшно стесняюсь и не знаю, как себя вести. Койки в носу корабля похожи на деревянный плацкарт в два этажа, даже шторка у каждой есть. Корабль стоит на речном причале, поэтому его почти не качает, но иногда я вдруг ловлю легкое-легкое движение, предчувствие будущих волн, провожу рукой по деревянной обшивке, чувствую запах — дерева, влажных канатов — и понимаю, что счастлива.

Новый экипаж собирается на полдник. Знакомимся. Кто-то ходит в речные походы, кто-то уже был на других кораблях, кто-то однажды пришел сюда и остался. Капитан — высокий, седой и харизматичный — разгуливает босиком и выглядит ровно так, как ты и представляешь себе капитана в книжках. Экипаж распределяется по вахтам: с двенадцати часов до четырех, с четырех до восьми и с восьми до двенадцати. Вахта повторяется два раза в сутки, следующие четыре часа за ней — подвахта, когда ты занимаешься хозяйственными делами на корабле или помогаешь вахте с парусами, следующие четыре — спишь. Мне достается вахта с четырех до восьми и вместе с ней — все рассветы этой недели.

Ну что ж, отныне так: вахта грота, шестой номер. Я смотрю на остальных. Художница Аня руководит хором «Штандарта» и по любому поводу подбирает морскую песню-шанти. Походница Оля учит японский. Саша — студент первого курса питерской Корабелки. Ему, как самому младшему, достаются все мелкие поручения. Леша приехал сюда с двумя сыновьями, чтобы устроить им приключение. Яхтсмен Сергей, который взял с собой ящик гаджетов от GoPro до зеркалки со штативом и снимает происходящее при любой возможности.

В первый же день мы лезем наверх, на марс-площадку на мачте. Кажется, это самое страшное, что я делала в своей жизни. Почти до самого верха, пока не начнутся ванты под отрицательным углом, мы забираемся без страховки. Это как будто нестрашно, только колени у меня почему-то становятся мягкими. Единственное, что мне остается, — это помнить о том, где сейчас каждая из моих рук и ног: в любой момент у тебя должно быть три точки опоры. Я смотрю только на свои руки, только прямо перед собой, совсем не на зеленую воду Гвадалквивира. На следующий день увижу у себя на ногах несколько больших синяков от вант. Даже не заметила, когда их получила.

Весь следующий день мы идем по зеленому Гвадалквивиру под оглушительное пение птиц на берегах. Я вижу низко пролетающую белую цаплю — в точности как в одном моем старом сне. Мы учимся спускать шлюпку и разбираться в снастях. Вечером выходим в Атлантический океан, и нас начинает укачивать. Милосердие морской болезни в том, что, когда лежишь на свежем воздухе, тебя почти не укачивает. Поэтому на юте вскоре образуется лежбище завернутых в спальники. Солнце медленно падает в Атлантику, Аня начинает петь, и когда я знаю слова, то подпеваю — если поёшь, тоже меньше укачивает. Мой первый закат в океане, думаю я, огромный, облачный, золотой. Испанская песня и белый парус между зеленым морем и золотым небом — это теперь уже навсегда одно из самых красивых переживаний моей жизни.

Аня поет «На далекой Амазонке». Откуда только вспомнились слова? У меня была в детстве книжка с историй про ягуара, черепаху и дикобраза, но, конечно, вот эту песенку в конце я никогда специально не учила. Но почему-то я помню ее и пою вместе с Аней:

Из ливерпульской гавани,
Всегда по четвергам,
Суда уходят в плаванье
К далеким берегам.
Плывут они в Бразилию, Бразилию, Бразилию.
И я хочу в Бразилию — к далеким берегам.
Только «Дон» и «Магдалина»,
только «Дон» и «Магдалина»,
Только «Дон» и «Магдалина» ходят по морю туда.

Мои первые звезды в океане — огромные, близкие, заполняющие всё небо. Моя первая ночная вахта, мой первый океанский рассвет. Со вчерашнего обеда я ем только хлеб и яблоки.

***

Весь следующий день мы идем под парусами и учимся ими управлять — какие-то убирать, на каких-то перенаправлять реи (это называется «брасопить»). Названия снастей путаются. Очень трудно понимать морской язык: не свернуть канаты, а разобрать снасти, не завязать узел, а заложить, не отдавать, а травить, не натягивать, а выбирать или обтягивать. Что я чувствовала вчера? Как всё время болят ноги, как всё время хочется спать, как я счастлива. Сегодня я чувствую только одно — как меня укачивает. Большую часть дня я лежу на палубе и ничего не ем. Вахтенный офицер приносит мне чай и кусочек хлеба.

Когда укачивает, у тебя очень мало времени. Перед тем как лечь спать, я бы хотела переодеть майку, трусы и носки, сходить в туалет, умыться и почистить зубы, намазать лицо кремом, попить воды. Но я уже знаю, что успею только что-то одно. Сходить в туалет и — очень быстро — забраться в койку. Если бы я могла дать сама себе совет перед качкой, в тот момент, когда мы только выходили в Атлантику, он был бы таким: поменяй майку, трусы и носки прямо сейчас, потому что в ближайшие двое суток ты сделать этого не сможешь.

Когда лежишь в койке в этом поднимающемся и обрушивающемся носу, кажется, будто спишь на американских горках. Впрочем, к этому дню я уже научилась мгновенно засыпать на два часа — даже когда рядом боцман Лайви включает радио и шлифовальную машинку, а вахта фока ходит туда-сюда по трапу и палубе. Я вспоминаю, как в севильском хостеле я вдруг проснулась от ужаса посреди ночи с одной мыслью: завтра и следующие семь ночей я буду спать в брюхе Атлантики. И вот я сплю в брюхе Атлантики, и океан бьется рваным ритмом в нашу тонкую деревянную оболочку. Подо мной пятнадцать метров воды. Меня это совсем не пугает.

Одно из самых сильных впечатлений в моей жизни — выбираться на палубу в четыре утра, когда небо усыпано крупными гроздьями звезд. Лежать под бизанью, смотреть, как вращается небо, нанизанное на ее верхушку. Петь себе под нос, чтобы не заснуть. Стоять за штурвалом, держать курс и слушать, как слева вахта грота разговаривает об искусстве. Держать курс. Смотреть с восторгом и ужасом, как поднимается и падает нос корабля. И знать, что справа и чуть сзади всегда стоит твой вахтенный офицер.

То, что помогает от морской болезни: закаты и звезды, песни на испанском и гравитация (когда я лежу, она надежно прижимает к деревянным доскам мои крестец, тазовые кости, лопатки, затылок). То, что помогает от утреннего холода и безжалостного ветра с Атлантики: благодарность за каждый слой одежды, который на мне надет. То, что я хочу запомнить навсегда: какого ярко-синего цвета океан где-то между Испанией и Португалией.

***

На корабле тридцать пять человек. Полина ни черта не боится, всё умеет. Короткая стрижка, крепкая фигура, загорелое лицо, голубые глаза, уверенный голос. В самый первый день кто-то предложил было помочь ей закрутить какую-то гайку, но Полина коротко глянула на предложившего, и больше таких попыток никто не делал. Дима знает, как оживить паруса, как забраться на реи, как работает всё это живое существо — корабль. Лайви однажды помог во время ремонта корабля на нидерландской верфи, да так и остался в команде. Теперь он боцман. У него с десяток колец в ухе, татуировки, металлические зубы и русский, которого вполне хватает для полноценного общения — его словарный запас состоит из «давай», «нормально», «чё» и «чуть-чуть пиздец», употребляемых с совершенно уместной интонацией и в уместные моменты. Лида была инженером-электриком, а потом проектировала этот корабль. Ей едва дашь тридцать лет, но вместе с ней на корабле ее сын, которому семнадцать и который, конечно, занимается парусными гонками. Барт живет на корабле второй месяц, он исторический реконструктор из Нидерландов, ходит исключительно в одежде мореплавателей восемнадцатого века (Полина шутит про кого-то: «А потом станешь как Барт, и у тебя отрастут волосы, очки и историческая одежда»). Этьен увидел фрегат «Штандарт», когда тот стоял на ремонте во французской Ла-Рошели, восхитился им, а его жена запомнила это и подарила ему на день рождения поездку. В вязаном красном свитере, с лучезарной улыбкой и глубокими морщинами на загорелом лице он похож на моряка на обложке модного журнала.

Я сижу на юте и думаю, что стороннему наблюдателю всё наше плавание может показаться совершенно бесполезным занятием. Это медленное, трудное и даже не всегда приятное перемещение из одной точки в другую. Но я понимаю, почему все они здесь, почему все они столько лет возвращаются на корабль. Все проблемы, заботы, трудности, нежности твоей обычной жизни — это другой мир. Другое измерение, недостижимое с корабля. В путешествии иногда впадаешь в особое состояние: если тебе сейчас позвонят и скажут, что твой дом сгорел, ты просто положишь трубку и продолжишь смотреть на закат. Только здесь и звонить-то некому. Не существует дома, который мог бы сгореть, не существует человека, который мог бы тебе сказать об этом. У тебя есть только настоящий момент, и ты всегда очень четко осознаёшь, что делаешь. Ты делаешь то, что — точно знаешь — важно для всех, кто на борту; делаешь то, результат чего виден мгновенно. Повернешь руль — сменится курс. Потянешь за брас — повернется рея. Ты или следишь за курсом, или ставишь паруса, или спишь, или смотришь на волны.

В твоей голове всегда океан.

***

На палубу прилетает голубь — по кольцу на каждой лапе. Ют оживляется:

— О, кому эсэмэска?

— Это не эсэмэска, это у него двойное гражданство!

Голубь означает, что к утру мы должны, наконец, прийти в порт — португальский Кашкайш. Постоянный экипаж разъясняет нам, что Кашкайш хороший город: там в порту отличный душ.

Мы приходим в Кашкайш, где впервые за пять дней я мою волосы и с гордостью смотрю на свои синяки на ногах. Кто-то рванул на день на электричке в Лиссабон, а мы, оставшиеся, гуляем по этому маленькому городку, где в парке живут черные петухи, а мачты яхт в заливе звенят под ветром странной песней. Капитан говорит, что надо возвращаться на борт: из-за ветра корабль стало тянуть на якоре. Его надо поднимать и опускать снова, и каждая силёнка — даже такая небольшая, как моя, — на счету. Шлюпка забирает нас на борт, где мы, как в кино, крутим шпиль на палубе. Это трудно. На свежепомытых ногах появляются ржавые следы от якорной цепи. Я думаю, что ни за что в жизни не променяла бы этот момент на поездку в Лиссабон.

Я думала, что лучшими моментами в путешествии для меня будут те, когда мы будем заходить в новый порт и исследовать новый город. Но нет, лучшие моменты в путешествии для меня — это когда мы стоим в порту, а я возвращаюсь на корабль, на свой корабль. Мою палубу, хожу по ней, мокрой, босиком, сижу с Аней на юте, пока она рисует портреты членов экипажа, болтаю со всеми за ужином.

— Знаешь, есть такой вид корабля, бригантина?
— Ага.
— А у нас была бы блевантина!
— Пираты, которых укачивает?
— Ну а что, противника можно устрашать разными методами!

Мы выходим из Кашкайша утром. Паруса убраны, идем на моторе: весь следующий переход будет встречный ветер. Я стою на носу, и всё внутри дрожит от восторга — когда взлетает нос на волнах, когда бирюзовая вода порта сменяется синей водой океана, когда долетают до меня брызги, попадают на губы — соленые.

Исполнять свои мечты очень страшно. Страшно, что не сможешь им соответствовать. Одно из выражений морского языка — «выбирать слабину». Когда убираешь или ставишь парус, это значит — всегда держать снасть натянутой, если она начинает провисать. Вот это и надо делать с собственной жизнью, думаю я. Выбирать слабину.

***

На вечерней вахте уже никто не поет. Встречный ветер, встречные волны, нас снова качает. Я смотрю, как падает солнце, оставляет медный змеиный след на синей воде.

Когда я пытаюсь поспать перед вахтой, то понимаю, что сверху на меня капает (тот самый обещанный в заявке пункт с протекающей палубой). Я во влажном гнезде из спальников. Нос корабля взлетает на несколько метров и с размаху падает обратно в Атлантику с устрашающими звуками. Меня швыряет по койке. Где-то внутри себя я знаю, что доверяю капитану, кораблю, вахте, воде. Где-то внутри меня есть terra firma, непоколебимая твердь. Но человеческая часть сознания слышит, как бьется вода о борт, и думает только об одном: шторм, катастрофа, смерть. Больше никаких кораблей, думает эта часть моего сознания. Больше никаких кораблей. Когда мне все-таки удается заснуть, мне снится, будто я падаю с койки.

В четыре утра звенит будильник: пора идти на вахту. На палубе ветер, волны и тьма. Аня поет, и мне кажется, что корабль идет по золотой нити ее голоса. Час, когда я стою за штурвалом, очень трудный: тяжелый штурвал, волны, наклоны, постоянно сбивающийся курс. Время тянется и тянется, а я смотрю на часы и вижу, что не прошло еще и минуты. В конце концов этот час заканчивается, и я передаю штурвал. Наш вахтенный офицер ведет корабль через волны, вся вахта грота молча сидит за его спиной и смотрит, как разгорается рассвет.

Когда рассвет превращается в день, мы с кораблем заходим в маленькую португальскую деревню Фигейро-де-Фош — она из тех мест, куда специально ты никогда не попадешь. Гуляем по сонному знойному городу, заглядываем в прохладную пустую церковь, а на стене одного из домов видим стрит-арт: морское чудовище нежно держит трехмачтовый корабль.

На следующий день — моя последняя вахта в этой поездке. Перед ней хорошо бы поспать, но я болтаюсь по палубе, не в силах тратить время на сон. В итоге пристраиваюсь помогать Лайви делать метки на концах снастей. Лайви говорит, что я molodets. Это лучшая похвала в моей жизни.

* * *

Мы заходим в Порту. Кто-то сходит с корабля, а кто-то еще собирается вечером посидеть напоследок в кают-компании: пить портвейн и петь песни. Даже Лайви пришел и спел британскую песню про шторм, основанную на реальных событиях (Лайви пел в церковном хоре в детстве и в панк-группе в юности). Аня поет морские шанти:

Leave her, Johnny, leave her
For the voyage is long
And the winds don't blow
And it's time for us to leave her.

Короткий сон на два часа, и вот в четыре утра мой корабль уходит, а я отдаю ему швартовы и остаюсь на берегу. Смотрю вслед, пока виден кормовой огонь, и чувствую себя так, как будто он увозит мое сердце.

* * *

Слоняюсь по Порту без плана и списка мест: как хорошо, что я оставила себе эти два дня, чтобы привыкнуть к новой реальности. В другое время я бы тут же влюбилась в этот город: океан, река и мосты, стены, выложенные разноцветной плиткой, пирожные и вино, стрит-арт на улицах. Я влюбилась бы, если бы мое сердце не было целиком заполнено кораблем: вот, грот-мачта протыкает аорту.

И все-таки этот город располагает к себе. Красивый, праздничный, обшарпанный, расслабленный. Церкви, облицованные голубой плиткой, как будто прорастают каменными углами и крестами в небо. Красивые двери, узорчатые решетки, водосточные трубы. Замызганные фруктовые лавки. Тенистые парки с террасами и мшистыми журчащими фонтанами. Павлины и чайки бродят по дорожкам.

Захожу в разрекламированный «самый красивый книжный магазин в мире», который оказывается ужасным. То есть он красивый, конечно, но стоило бы догадаться, что книжный, в котором за вход просят пять евро, — это обман. Покупать там ничего не хочется. Да никто и не покупает: все толкаются и фотографируют, потом хватают заботливо разложенные на самом виду крошечные издания «Маленького принца» или «Алисы в стране чудес» с золотым обрезом и бредут на кассу. Я беру поглазеть сборник рассказов Киплинга, раскрываю наугад.

Раскрываю на песне про «Дон» и «Магдалину», быстроходные суда.

Мечты прекрасны воплощеньем — это девиз «Штандарта», который появился только потому, что компания мечтателей захотела, чтобы он был, — и строила его несколько лет. Делать то, о чём мечтаешь — очень страшно, но других вариантов нет. По-другому тебя нет. А теперь это всё навсегда со мной. Звезды над бизанью, песни на закате, волны Атлантики и ночные вахты, которые я стояла. Какое счастье.

В рассказе использован отрывок стихотворения «На далекой Амазонке» Р. Киплинга в переводе С. Маршака.

Великая Британия

Согласно семейной легенде, я научилась читать в три года, после того как мама сообщила, что, если уметь читать самой, можно не ждать, пока кто-то из уставших взрослых расскажет историю на ночь. Это была достойная мотивация, и с тех пор я читала всё, что попадалось под руку, включая журнал «Наука и жизнь» с изображениями насекомых-вредителей на цветных вклейках. И только бабушка продолжала читать мне вслух. Из всех читанных ею книг я запомнила «Хроники Нарнии» Льюиса, которые впечатлили меня так сильно, что я много часов просидела в бабушкином шкафу в ожидании момента, когда за шубами все-таки появится снежный лес. За Льюисом закономерно последовал и Толкин. «Властелина колец» я читала уже подростком, и Толкин был единственным человеком, который меня, подростка, понимал: мир вокруг был занят какой-то ерундой и очевидно катился в пропасть, о по-настоящему важных вещах никто не говорил, а мне очень хотелось дружить с эльфами и совершить какой-нибудь подвиг. Интернета в моей жизни тогда еще не было: понимаю, что если бы я была подростком сейчас, то зависала бы с единомышленниками на тематических форумах и писала фанфики. А так пришлось потратить кучу денег на биографию Толкина в золотистой обложке («Википедии» в моей жизни тоже еще не было). Конечно, чем старше я становилась, тем ближе мне был не героический и печальный Фродо, а жизнерадостный Бильбо. Он благополучно дожил до пятидесяти (не пренебрегая плотными завтраками), отправился в умопомрачительное путешествие, забыв носовой платок, написал тревелог-бестселлер и дальше спокойно занимался переводами в эльфийском замке. Достойный пример для подражания, тем более что я тоже часто забывала платок, собираясь в поездки. В общем, Льюис наполнил мое детство ожиданием чуда, а Толкин дал надежду на возможность чуда и во взрослой жизни. Тем приятнее было узнать (из той самой биографии в золотистой обложке), что они дружили друг с другом, оба преподавали в Оксфорде и постоянно захаживали в местный паб «Eagle and Child». Поэтому, когда в моем взрослом паспорте появилась британская виза, было понятно, какая точка должна стать главным событием путешествия.

***

Паспортный контроль, обмен валюты, поезд-экспресс — и вот я выхожу на Victoria Station, ощущая невероятную свободу. Одна в незнакомой стране, со смутной перспективой ночлега в незнакомом доме на конечной станции одной из веток метро, с разряженным телефоном, без малейшего представления о том, что делать сегодня, — а это значит, что случиться может всё что угодно. И я просто иду: Букингемский дворец, Сент-Джеймс-парк, Трафальгарская площадь, колесо обозрения, Национальная галерея. Ярмарка со всевозможной едой и книжным развалом со старыми картами и рисунками. Гигантские мыльные пузыри. Огромное индустриальное здание, отданное под выставки и арт-галереи. Неожиданные сады посреди города. В пустых переулках сушится на веревках белье. Темная викторианская архитектура отражается в стеклянных, почти прозрачных небоскребах. Люди в строгих костюмах, но с рюкзаками сидят на лужайке. Бородатые мужчины в цветастых кафтанах читают газеты на скамейке. Молодой человек с белокурыми локонами, в твидовом костюме в клетку и черных ботинках на каблуках на бегу вставляет белую розу в петлицу. Смуглый парень едет на велосипеде по пешеходной дорожке, нарушая правила, и нежно поет в спину своей спутнице «Катарина-Катарина...», а Катарина смеется и оглядывается на него. Женщины, одетые в непроницаемое черное, смотрят, как катаются мальчишки-скейтбордисты на разрисованной стрит-артом площадке. На берегу Темзы играет одинокий волынщик.

Утром следующего дня я сажусь в автобус до Бристоля.

***

Автобус опаздывает больше чем на час и три раза ломается в дороге. На соседнем сидении юноша с черными ногтями и в рваных джинсах читает «Улисса». За окном мелькают зеленые поля и ветряки. В Бристоле вместо исторического центра я попадаю в пустой и мрачный район (невероятные приключения времен путешествий без смартфона с навигатором). Злая, брожу под дождем и ветром, окольным путем выхожу к кафедральному собору, тут же перестаю злиться от величия готики. Захожу внутрь — а там репетиция духового оркестра, пожилые люди в нарядных одеждах играют, останавливаются, поминутно взрываются смехом вместе с дирижером.

Когда выхожу из собора, появляется солнце. На лужайке возле реки сидят люди, возле берега стоит лодка, вся засаженная цветами, — экоарт-проект, для которого художница использовала семена, привезенные в портовый Бристоль с кораблями со всех сторон света. В крошечной кофейне мне наконец-то варят вкусный кофе. А через арку за кофейней я выхожу на улицу, полную гигантских картин на фасадах домов — цветы, космонавты, динозавры, гора Фудзи — наследие фестиваля стрит-арта.

***

Следующая остановка — сонный Глостер. В Глостерском соборе — длинные коридоры с резными арками, в его внутреннем дворике — тайный лавандовый сад, в его окнах сияют витражи, в его тенях спят древние строгие короли, и звук органа держится на одной долгой грустной ноте.

* * *

Я заселяюсь в гостевой домик на краю леса — того леса, по которому ходил Толкин и который стал прообразом идиллического хоббитского Шира. В доме старинная мебель, букеты из роз на столах, ангелы и драконы на вышивках. В огромном саду растет земляника, шалфей и лаванда. В зарослях укропа скрывается небольшая статуя Будды. Где-то высоко в ветвях огромного старого клена звенят колокольчики. На поляне с самой мягкой травой из тех, по которым мне доводилось гулять, по кругу высажены деревья, священные для друидов. На ужин тут готовят салат из свежей огородной зелени с цветками василька и календулы — и острый рис с овощами.

Вот кто еще живет в гостевом доме. Кристиан, голубоглазый бородатый англичанин, играет на диджериду. Джой де Винтер, улыбчивая девушка в светлой свободной одежде, поет старинные английские песни. Джой находит на дороге птичье перо и тут же вплетает его в волосы вместе с листом папоротника; они смотрятся в ее прическе так, словно сами там выросли. Фрэнсис добывает огонь в лесу, читает карты и слушает тишину. Ева из Эстонии купается по утрам в ледяном источнике, а в поход берет рюкзак тяжелее необходимого, просто чтобы проверить свои силы. Войтек из Польши, веселый художник, который работал барменом в Кракове, вечером у костра рассказывает мистические истории и рисует в блокноте свои сны.

* * *

После похода по британскому лесу я сажусь в автобус до Оксфорда. Передо мной сидит британский джентльмен, который тут же заводит беседу с соседкой через проход, и мне жаль, что это не я на ее месте. На следующей остановке заходят две португальские дамы, и он галантно уступает им двойное сиденье со словами «I'll be delighted!».

В Оксфорде я сначала долго изучаю бумажную карту и пытаюсь разобраться в системе улиц и домов. Тут же подходит седой джентльмен, выглядящий как профессор (впрочем, в Оксфорде все жители старше пятидесяти лет выглядят как профессора), предлагает помочь и подсказывает направление.

На ресепшне хостела хозяйничает веселый молодой человек Ал («Всё равно никто не выговаривает мое полное имя»), который быстро ругается по-испански, когда мимо проходят постояльцы, задевая его.

— Where are you from?
— Belarus.
— Oh cool (кажется, с той же интонацией, как если бы я назвала любую страну мира). And you, where are you from? — это уже невозмутимому молодому человеку за мной.
— England, — отвечал он флегматично.
— Oh that's not far away, is it?

В комнате на постельном белье — британский флаг, на крыше бар, на первом этаже — заунывно пикающий пожарный извещатель, так что каждый зашедший осторожно спрашивает: «Это я что-то сломал?» Оставляю в хостеле вещи и отправляюсь обедать в кафе, откуда звучит живая музыка. Когда я перехожу дорогу, оказывается, что это просто один мужчина, весь в черном, включая шляпу и очки, грустно играет на гитаре за пинтой пива.

К нему подходит девочка и просит сыграть что-нибудь, а он протягивает ей гитару.

— I can't teach you, but you go and learn it some day.

Играет еще. Допивает пиво, уходит.

В Оксфорде я хочу найти паб «Eagle and Child», где сиживали Толкин и Льюис. Название-то у меня есть, а адрес не посмотрела (это всё еще путешествие без смартфонов с интернетом и навигатором), поэтому решила просто гулять — вдруг случайно выйду. А если нет — встану в семь утра, чтобы успеть до автобуса, и посмотрю хотя бы на закрытые двери этого паба.

Центральные улицы полны людей, велосипедов и магазинов. Я поднимаюсь на одну из башен по узкой винтовой лестнице вместе с жизнерадостными корейцами. Наверху — ветер, желтые поля вдалеке, sleepy peaks of Oxford, маленький красный воздушный шар, улетавший в высоту. Почему по тысячелетнему городу так легко шагать? Сияет солнце, сияет небо, сияет мостовая — как будто в настройках выкрутили на максимум яркость и контраст — и можно расплакаться от красоты архитектуры. А кто-то ведь ходит по этим улицам как по своим, кто-то учится здесь за партами, которые видны сквозь окно, венчается в этих церквях. День клонится к вечеру, ветер становится всё сильнее, пора возвращаться в хостел. Паб мне не встретился, но я счастлива просто оттого, что этот город существует, и можно весь день ходить по его улицам. Сворачиваю в крошечный переулок, прохожу через арку, и прямо напротив меня, через дорогу, вижу большие черные буквы «Eagle and Child».

Паб совсем пустой, когда я захожу внутрь. Длинный коридор с барной стойкой, иллюстрации из первого издания «Хоббита». Я беру пинту сидра и яблочный пирог, выбираю столик возле двери с надписью «Нарния». На ней сидит живая бабочка.

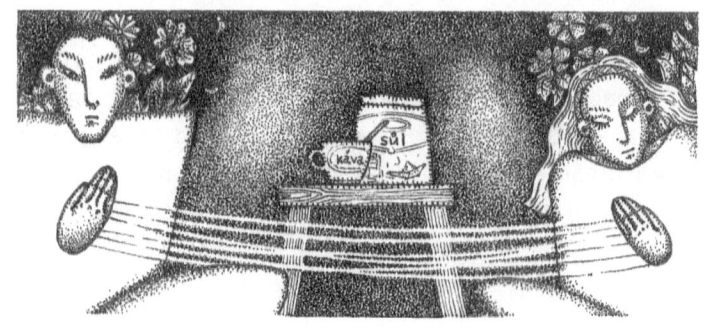

Кофе по-чешски

Февраль

Я везу в рюкзаке цитату из Брэдбери: бабушкино клубничное варенье и тряпичные зеленые кеды. Я еду на год в чешский город Брно: фотографировать редкие орхидеи, мастерить с детьми открытки, сажать деревья и делать всё, что положено делать стажерам маленьких экологических организаций.

Меня селят в предпоследнем доме в городе. Комната, в которой я живу, маленькая, пустая и холодная — первым делом покупаю себе куст базилика, чтобы в ней было хоть что-то живое. Сразу за следующим домом начинается лес, большой, спокойный и холмистый. В нем живут олени, которые не боятся людей. Если отойти немного от тропы, то провалишься в дубовые листья по середину голени. Если пойти за золотым лучом на закате, то выйдешь к маленьким, темным лесным озерам.

Я всё еще не выучила название улицы, на которой стоит этот дом, но уже знаю, что в городе Брно есть старая ратуша с подвешенным в арке чучелом крокодила. Когда туда прихожу, по внутреннему дворику ратуши растерянно бродит одинокий турист. Объявления об открытии школы дизайна в этом городе вешают на мусорные контейнеры.

Моя напарница по работе — веселая армянка Шушан, которая про любую ситуацию может красивым голосом спеть песню. Мой учитель чешского — серьезный чех Петя, застенчивый и рассеянный. У него красивое лицо с тремя родинками на правой щеке, и когда он говорит, то немного заикается. Мой единственный друг — Леша, приехавший сюда из того же города, что и я. У Леши рыжая борода, лысый череп, разноцветная татуировка на руке, тоннели в ушах и гантелька в переносице, брошенное ветеринарное училище в прошлом и обезоруживающая улыбка в настоящем. Больше всего он похож на подростка, который будто бы стоит на учете в милиции, а на самом деле переводит бабушек через дорогу и спасает утят.

Март

Гуляю вокруг темного готического собора, который в мартовскую пасмурную погоду выглядит еще красивее. На кирпичной стене мелом написаны стихи, и того чешского, который я с Петей выучила за месяц, хватает, чтобы понять слова «любовь» и «правда». Напротив готического собора — дом, на башне которого нарисован акробат, на крыше — китайский воин, на фронтоне — лошадь с белыми ногами. Я успеваю восхититься разнообразию города Брно, а потом читаю, что это здание экспериментального театра. Внутрь заходит мужчина в штанах, сшитых из разноцветных лоскутков.

Апрель

Видела в городе пожилую даму с очень строгим лицом, в черной юбке, черной блузке, черных лодочках, красных колготках и красной шляпке. И худощавого подростка с рыцарским щитом.

Каждую среду мы с Петей и Шушан ходим на обед. Петя очень шумно и искренне радуется каждому моему запинающемуся, медленно составленному предложению на чешском. На выходные он приглашает нас с Шушан в свою деревню помочь с детским праздником.

Петина деревня называется Чейковице — это от названия птицы; но не чайки, как можно было бы подумать, а чибиса. В двенадцатом веке здесь поселились тамплиеры, построили замок и множество винных погребов с подземными ходами, ведущими в соседние замки, такими широкими, что по ним могла проехать повозка. Винные погреба здесь у всех, и вино местные жители пьют как воду, не пьянея, заедая маленькими печенюшками с орехами и маком.

Петя приглашает нас к себе домой на обед. В его комнате скошенный потолок, черно-белые фотографии на стенах, гитара в углу. В единственное маленькое окно по утрам светит солнце. В шкафу стоят книги: чешская грамматика, «Жизнь с диабетом», Булгаков, Фромм. Петины родители держатся за руки, когда идут по улице.

Вечером идем на представление кукольного театра. Шушан придумывает игры и умудряется подружиться со всеми детьми. Я же подружилась только со старым псом по имени Черт и хотела бы подружиться с Петей.

Май

Вишни отцвели, и некоторые улицы сплошь усыпаны розовыми лепестками. Зацвела сирень, и так же, как две недели назад город был полон розовым дымом, сейчас он полон лиловым. Лес, через который я хожу утром, из полупрозрачного стал зеленым, влажным, туманным, темным. Слушаю джаз и скворцов, покупаю на рынке клубнику и кабачки, ношу зеленые кеды и бирюзовую брошку-стрекозу.

В Брно ночь музеев. Выбираю естественнонаучный музей, где играет этническая музыка на выставке античных амфор. На амфорах — морские чудовища, на улице — мини-бар. Я хотела было купить лимонад, но бармен, рыжий, бородатый, в классическом черно-белом наряде, смешивает коктейли с именами античных богов так точно, быстро и резко, что я выбираю хаос и коктейль «Дионис» — только ради того, чтобы посмотреть, как он смешивает ингредиенты. Коктейль оранжевый, как и он сам.

Петя спрашивает у меня в офисе:

— Сделать тебе кофе?

— Конечно, кто откажется от кофе!

— Ты пьешь с сахаром?

— Да, одна ложка.

Петя приносит мне кофе, и я делаю большой глоток очень, очень соленого кофе.

Июнь

Мое следующее задание — поехать в небольшой экологический центр, где живут ламы. Участники поездки должны за выходные благоустроить сад, изучить редкие растения и научиться прясть шерсть, а я — сделать обо всём этом фоторепортаж.

До лама-центра еще надо дойти — под дождем, вверх и вниз по диким, заросшим лесом горам. По лицу хлещут ветки, под ногами скользит земля. После работы в саду и наблюдения за ламами нам устраивают экскурсию по окружающей ценной природной территории, которая была бы еще более ценной, если бы не была такой мокрой.

Чехи — даже не железные люди, а каменные гномы, всё им нипочем: и работа, и грязь, и дождь. А я — маленький хоббит Бильбо, которого в очередной раз гномы выдернули из привычной уютной жизни и потащили в поход за мифическим золотом. Только вместо золота у нас разные редкие цветочки, за которыми мы пробираемся через старые каменоломни. Их называют памятником человеческой жадности: из-за долгой добычи полезных ископаемых исчезли многие редкие виды животных и растений. Сейчас здесь запрещена промышленная деятельность, и местные пейзажи выглядят как другая планета — желтоватые скалы причудливых форм и маленькие голубые озерца. Через пару тысяч лет здесь будет свое Памуккале, говорит наш экскурсовод.

С нами работает Яхим, черноволосый и скуластый, как будто предками его были самураи. Когда мы обедаем, он следит, чтобы тарелки были полными у всех, и только потом берет свою порцию. Ему нравится Анета, светловолосая девушка, нашедшая трилобита, принцесса и стойкий оловянный солдатик в одном лице. Я ясно вижу эти появившиеся между ними за день тонкие, нежные нити, словно мягкая шерсть, которую мы учимся прясть. Чужая нежность такая сияющая, что на нее невозможно смотреть — и я удаляю случайное фото, где они вдвоем на скалах.

Когда еду домой, на мне грязные, насквозь промокшие ботинки и светящаяся паутина чужой любви.

Июль

У Пети случился гипогликемический криз.

Сначала это совершенно обычный урок чешского: мы с Петей и Шушан болтаем и смеемся, а потом Петя становится странным, как будто пьянеет за десять минут. Выглядит это жутко: всегда внешне спокойный и даже сдержанный человек начинает резко жестикулировать, морщиться, быстро и бессвязно бормотать.

У него же диабет — вспоминаю я наконец и спрашиваю: «Петя, может, тебе глюкозу помeryть?» «Точно, мне надо съесть сахар, — говорит Петя, — но еще двадцать минут я буду вести себя как идиот».

Кажется, у меня появилась мотивация учить чешский.

Июль

Петя говорит: «Мы идем в субботу вечером смотреть спектакль театра "Лишень". Если хочешь, можешь пойти с нами».

Еще бы я не хотела.

Театр «Лишень» — это они делали спектакль для детей в Чейковице. С помощью песен и странных кукол, света и тени, музыки флейт и барабанов они рассказывают цыганские и индийские легенды.

А до этого — продолжает Петя — мы собираемся в одном кафе, там будет читать свои произведения один хороший чешский писатель. Я уже знаю

Петину манеру называть хорошими самые странные вещи (например, сомнительную спаржу в столовой), поэтому прихожу, когда писатель уже всё прочитал, и мы отправляемся на спектакль. Театр «Лишень» обитает в обычном доме, похожем на старую дачу. Спектакль показывают на заднем дворе, заросшем малиной и яблонями. Представление начинается, когда опускаются сумерки — театр теней и калейдоскопов, индийская история о любви и смерти; и, сидя так, с полным стаканом вина, слегка соприкасаясь локтями с Петей, в шаманской музыке, в странном свете, — я счастлива.

В воскресенье у моего друга Леши заканчивается проект, и я приезжаю в его лесную хижину, чтобы помочь собрать вещи. Как в восточных сказках, стоит мне заинтересованно глянуть на что-то, как Леша говорит: «Хочешь? Забирай!»

До этого мы четыре километра идем от железнодорожной станции через лес, вдоль весело журчащей речки. Взбираемся на холм, осторожно ступаем по осыпающимся камням, перелазим под поваленными деревьями и любуемся на зеленые джунгли без конца и края. Спускаемся в пещеры — небольшие, темные и влажные. Где-то здесь живут летучие мыши — и растут цветы.

Леша дарит мне деревянную ложку с длинной витой ручкой, которую он сам вырезал. Леша с трудом натягивает на плечи свой гигантский рюкзак: мой рюкзак — говорит — пытается меня склонить перед величием природы еще до того, как я покину свой дом.

Когда мы расстаемся, мой друг дарит мне камень с кристаллами внутри и говорит: он похож на фрукт, в котором растет семечко. Да, говорю я, можно посадить и вырастить каменное дерево.

Так и везу этот каменный фрукт всю дорогу в ладони: у меня есть сердце, а у сердца — тайна, как семечко в этом фрукте.

Август

Бескидские горы — это часть чешских Карпат неподалеку от границы со Словакией. Организация, в которой я работаю, проводит здесь лагерь уже девятый год. На высокогорных лугах растут северные орхидеи, которые вытесняет простая трава — и цветы со временем могут полностью исчезнуть. Чтобы этого не случилось, волонтеры косят луг, расчищая орхидеям пространство для жизни. Это работает: популяция цветов уже увеличилась в несколько раз. После косьбы в лагере изучают традиционные ремесла этого региона: как построить печь, как испечь в ней хлеб и пироги, как сделать краску из травы, как прясть шерсть или делать корзины. Сам лагерь — это палаточный городок посреди горного луга. Вокруг темнеют черничные леса, посередине растет старое вишневое дерево, с краю ютится старый дом с белыми стенами, в котором все полки уставлены старинной посудой и книгами о травах.

Я приезжаю сюда на четыре дня. Четыре дня я кошу луг, снимаю видео про орхидеи, играю на барабане, пеку сладкие лепешки и смотрю ночью на звезды, пока от запрокинутой головы не заболит шея.

Здесь те самые Анета и Яхим, с которыми я познакомилась в лама-центре. Анета косит луга, строит печь и танцует тай-чи в семь утра, глядя в сторону леса. Самурай Яхим много работает, мало говорит, спит под вишней, во сне бесшумно переворачиваясь на спину — спокойная поза человека, которому нечего скрывать от мира. Он смотрит на нее так же, как и в те выходные за работой в саду, а она живет уже в совсем другом мире.

Однажды вечером мы сидим все вместе в большой теплой комнате на чердаке дома; кто-то пьет чай, кто-то гладит собаку, кто-то играет на гитаре. Художница Фрея делает авангардные арт-объекты из меди и рисует узоры у себя на лице. Биологи Бобрик и Малунка рассказывают истории про каждый увиденный нами за день цветок и треплют плюшевые уши собаки Сони. Иржи, быстро и справно работавший на лугу, начинает жонглировать мячиками и превращается во что-то огненное и текучее. Анета расслабленна и весела, сидит на условном пороге — внутренних стен здесь нет, только проходит по краю комнаты печная труба. Я иду к лестнице и вижу: позади этой трубы, прислонившись к ней, спиной ко всем остальным, вытянув ноги, запрокинув голову, упираясь тяжелым взглядом в потолок, сидит тот самый самурай. Это наполняет меня такой тяжелой нежностью, что я чуть не промахиваюсь мимо ступеньки.

Гонза, брат Иржи, однажды забросил прикладную физику и начал строить печи. Теперь он руководит строительством печи на лугу. Мы доделываем ее в последний вечер. Пишем на бумажке пожелания печи, стоим вокруг нее, теплой, в темноте. Иржи наигрывает что-то на укулеле. Сейчас принесут воду: мы покрестим печь и дадим ей имя. Походная плошка с водой из горного ручья идет по кругу, каждый делает шаг вперед, бросает в печь свою бумажку, желает что-нибудь вслух или про себя и брызгает на печь водой, закрепляя пожелание брызгами воды. Я произношу пожелание вслух, зная, что дух огня поймет любой язык, бросаю бумажку в огонь и вижу, как ярко она вспыхивает.

Мы с Яхимом вместе уезжаем из лагеря. На пересадочной станции садимся в разные поезда, в суматохе не попрощавшись.

Сентябрь

Я надеваю цветастое платье, Шушан рисует мне стрелки, и я чувствую себя девочкой-подростком, собирающейся на дискотеку. Петя пригласил нас на фестиваль в Чейковицах, мы пьем моравское вино и танцуем. Со мной танцует Петин друг Карел — высокий и красивый, позер и задавака, барабанщик и младший сын из семерых. Он собирается уходить совсем рано и, проходя мимо меня, останавливается и целует в щеку — я не успеваю ничего ответить.

На следующее утро, когда мы завтракаем все вместе, Петя спрашивает: «Сделать тебе кофе?»

«Конечно», — отвечаю. Этого кофе мне хватает на весь день.

Уже мерзнут руки в летней одежде

Октябрь

В пятницу я, ворча, встаю в шесть утра, чтобы ехать в Чейковице на выходные — участвовать в мастер-классе для фотографов.

— Что ты хочешь фотографировать?
— Как делают вино.
— Тогда тебе к Карелу. У них свое семейное производство.

Карел делает вино вдвоем с братом в маленьком подвале. Он, конечно, знает, насколько красив, и, конечно, делает вид, что в этом подвале нет никаких фотоаппаратов. Хватает виноградные грозди, идущие на перемолку, откусывает пару ягод, бросает обратно.

На следующий день мы фотографируем людей около костела, пожарную часть, пожилых мужчин в кондитерской, которые каждое воскресенье после службы собираются там, чтобы выпить пива (да, в Чехии в кондитерской подают пиво). Карел приглашает меня на обед. «А там можно будет фотографировать?» — спрашиваю я в ответ (оправдание, предлог и повод).

Семейный обед становится возможностью увидеть этого младшего сына, самого красивого из семерых детей, позера и задаваку — спокойным и молчаливым. Он одевается в костел так же ослепительно, как на вечеринку, ухаживает за всеми за семейным столом, где перед едой читают молитву. После обеда уходит в репетиционную комнату, играет на барабанах, я медлю секунду, прежде чем зайти, — и захожу. Говорю: «Классно играешь». Но он сосредоточенно смотрит только на барабаны.

Ноябрь

Видела в городе моющего окна мужчину в клетчатой рубашке, с длинными, светлыми, заплетенными в две косы волосами. Видела женщину с бордовым лицом и руками — она сосредоточенно смотрелась в карманное зеркальце и рисовала на лице белые узоры. Видела кафе под названием «Дно», откуда играл джаз. Видела рыцаря в кольчуге, с мечом и туристическим рюкзаком, видела двух девочек в розовом, стоявших с зонтиками под фонтаном. Видела дом, на фасаде которого растут огромные белые цветы.

Я пеку имбирное печенье. Выпечка — это, безусловно, проявление любви, особенно для таких не умеющих выражать свои чувства людей, как я. Но единственный человек здесь, для которого я хотела бы что-то испечь, болеет сахарным диабетом.

Декабрь

В Брно зимой вместо снега — туманы. Такие сильные, что даже длинные многоквартирные дома, похожие на океанские корабли, только слегка выступают из мглы.

Петя дарит нам с Шушан циничные комиксы «101 способ убить своего шефа» и приглашает в Чейковице на Новый год.

— То есть ты думаешь, что мы настолько плохо знаем чешский, что не осилим книжку с текстом?

Но самое ценное в этом подарке — три строчки синей перьевой ручкой, не самым разборчивым, убористым почерком левши, с теплым пожеланием удивительного Рождества (что несколько противоречит содержанию самой книжки).

Я еду на Новый год в Чейковице.

— Какие у тебя планы на следующий год?

— Вернуться домой и пролежать два месяца в депрессии.

— Чего тебя больше всего не хватает в Чехии?

— Моих друзей.

— А чего тебе больше всего будет не хватать, когда ты вернешься?

— Вас.

Карел приходит на новогоднюю вечеринку с Магдой, она тоже была участницей октябрьского мастер-класса по фотографии. Они уходят с вечеринки раньше всех и вместе; пауза после того, как за ними закрывается дверь, длится, кажется, чуть дольше, чем положено.

Петя приглашает меня переночевать у него дома, я знаю, что в этой просьбе нет ничего романтического. Мы болтаем о пустяках. В Петиной комнате стены увешаны исписанными страницами, где строчки подчеркнуты маркерами разных цветов — он готовится к экзаменам.

— Ну, чего ты желаешь себе в новом году?
— Чтобы всё имело смысл. А ты?
— Не знаю... Сдать экзамены, наверно. Спи сколько хочешь, обед в двенадцать.

Заправляет мое одеяло в пододеяльник, аккуратно застегивая все пуговицы, тихо закрывает за собой дверь.

А утром выпал снег.

Обед в двенадцать, как и всегда в этом доме. Как и всегда в этом доме, кухня полна любви. Как и всегда после обеда, Петя спрашивает меня: кофе? Да, говорю я. Какой дурак откажется.

Он моет гейзерную кофеварку, дает понюхать кофейные зерна, мелет их в мельничке, насыпает ложку корицы.

— Вы всегда так Новый год отмечаете?
— Да, почти всегда. Вот в прошлом году... Не помню, что мы делали в прошлом году. У меня плохая память.

Всегда говорит про эту плохую память. Всегда ставит рядом с моим кофе сахар и молоко, как я и пью. Кроме того случая, когда он насыпал мне в кружку соль вместо сахара.

Мы пьем этот кофе и снова болтаем о пустяках и важном, и любовь течет во мне от горла к солнечному сплетению. Я наконец говорю себе это: Петя — моя бескорыстная любовь, ничего не ждущая, ничего не желающая, кроме как того, чтобы у него всё было хорошо, — и еще просто смотреть на руки и родинки на лице. Болтать о пустяках и важном, твердо зная об отсутствии двойных смыслов, замирая, когда он чуть заикается на некоторых словах. Я знаю, что в его отношении ко мне нет романтики, и мне от моей любви легко, а не тяжело.

Петины родители собираются на службу в костел и приглашают меня с ними. Мы долго ждем Петю в машине. Это потому что он переодевается в костюм — в лучший в мире костюм цвета летних сумерек и рубашку цвета кофе с молоком.

Я первый раз на службе в костеле. В чейковицком костеле две елки, украшенные шарами и серебристым дождиком — всё сияет и переливается, и я всё время смотрю на это сияние. Прихожане поют, играют на органе и зачитывают пожелания на следующий год.

Петя отвозит меня на железнодорожную станцию, и, когда мы выходим из машины, сверху начинают медленно падать снежинки. А за окном поезда, увозящего меня обратно в Брно, медленно катится в снежные моравские холмы сияющее красное солнце.

Январь

В воскресенье я устраиваю прощальную вечеринку.

С утра пеку имбирное печенье в форме сердечек. Первая партия сгорает дочерна под песню «Раммштайн» Mein Herz brennt — мое сердце горит.

На вечеринке рядом со мной неожиданно растет гора подарков: шоколадный слон, зеркальце, толстая книжка детских сказок. Все те, с кем я познакомилась за год в Чехии, рисуют в моем блокноте, приносят вино, спрашивают о планах на будущее.

Толстая книжка детских сказок подписана для меня простым карандашом, убористым, трудно читаемым почерком левши. За вдохновение, обеды, кофе, впечатления и один отличный год — спасибо. «Спасибо» написано аккуратными буквами кириллицы.

Mein Herz brennt.

Путевые заметки.
Часть 1

Вильнюс

Впервые я вижу Вильнюс ночью, когда закрыты кафе и сувенирные лавки — никуда не зайдешь, ничего не купишь, остается только смотреть. Впрочем, владельцы виленских лавок оставляют на ночь включенным свет, и можно изучать призрачные миры витрин, состоящие из разноцветных бутылок, цветов и кренделей. Набережная Нериса ночью пустынна, оранжева от фонарей, нагрета за день, и портреты рок-звезд улыбаются с пустых автобусных остановок.

Днем мальчики играют на площадях в футбол. Картины с загадочными пейзажами висят на улицах. Заброшенные здания стоят без заваренных входов. Этот город как будто чуть поцарапанный, но он не зализывает свои царапины, оставляет куски кирпичной кладки посреди заштукатуренной стены.

Нет дела, когда и кем были построены местные церкви, если можно заходить внутрь, дышать темнотой, заглядывать в лица статуям святых, слушать слова на незнакомом языке. Самое важное — сворачивать с главных улиц, заставленных сувенирной требухой, попадать в пустые извивающиеся переулки, придумывать истории про жителей мансард под скошенными крышами.

Футбольный мяч улетает с площади, американская старушка спрашивает, как найти нужную улицу, нищенка в красной юбке протягивает ладонь, пожарные проливают воду на мостовую, добродушный лабрадор обнюхивает мои ноги, и мы с его хозяйкой улыбаемся друг другу.

Осенью в Вильнюсе запахи костров и туманов. Мы ходим по улицам, засыпанным по самые крыши листьями, стоим над медленно текущей рекой, качаемся на качелях, живем в доме с красным плющом на белой стене и черной кошкой во дворе.

В нашей комнате два окна в скошенной крыше. Когда расходятся тучи, в них видны падающие звезды и пролетающие самолеты. Утром сквозь сон слышу, как будто кто-то тихонько, стараясь не разбудить, ходит по комнате. А это дождь идет за открытым окном.

В книжно-музыкальной лавке играет джаз. Продавщица переводит для нас детскую книжку с литовского на русский, потому что видит, как мы восхищаемся картинками. В кофейне рядом — три столика, бесхитростный интерьер, простые чашки. Дама в национальном костюме читает книжку про муми-троллей, хозяин говорит на русском, польском, английском и литовском (кажется, одновременно).

В подворотне прячется ангел, в лужах на асфальте прячется Святая Анна, в Бернардинских садах прячется музыка. По дороге на вокзал, на последнем повороте, мы оборачиваемся: над городом в закатном свете парят воздушные шары. Ни у кого из нас даже не тянется рука за камерой.

Краковское расписание

На окраине Кракова лучше всего быть ранним утром, когда пахнет черешней и булочками маленький местный рынок, а давным-давно знакомые друг с другом бабушки ведут неспешные разговоры.

В Еврейском квартале лучше всего быть в полдень, когда открываются арт-галереи и кофейни, похожие на старые квартиры (вязаные крючком белые салфетки, торжественные фотопортреты на стенах, фортепианная музыка). На улицах черно-белые граффити и черно-белые коты. Дом, в котором я живу, тоже в этом квартале — в нем огромные окна в человеческий рост и деревянные лестницы. За окнами — тайный сад, в который нету хода, и те самые коты спят на крыше сарайчика.

В обед в Кракове лучше всего быть в тех местах города, которые были построены человеком и побеждены природой: стадион, заросший травой по колено, меловые карьеры, заполненные бирюзовой водой. Важно, конечно, не забыть черешню и булочки с утреннего рынка.

В Инженерном музее лучше всего быть в четыре вечера, за полчаса до закрытия, когда можно в одиночку бродить по трамвайному депо, гладить прохладные голубые бока вагонов, смотреть на отражение города в боковых зеркальцах и, когда не видит дама-смотрительница, пробираться за турникет и сидеть на деревянных сиденьях.

В Старом городе лучше всего быть в последние минуты перед закатом, когда он становится розовым, золотым и зеленым. В эти минуты дети купаются в фонтанах, а по фасадам зданий шагают белые крылатые люди.

В королевском замке Вавеле лучше всего быть в сумерках, когда закрыты все кафе и сувенирные лавки. Вместо толп туристов — только влюбленные пары бродят тихо вокруг разноцветных клумб, заросших плющом башен и кафедрального собора, похожего на торт. Королевские гобелены внутри замка таких же золотых, розовых и зеленых цветов, что и старый город в последние минуты перед закатом.

Краковский подарок на ночь — неизвестный саксофонист под окнами дома, где я живу. Он играет поздно вечером посреди бульвара, не в старом городе среди туристов, а здесь, где его слышат только случайные прохожие с собаками на прогулке и случайные жители за открытыми окнами.

Крым-2013

Лежать на острых мелких камнях головой к морю, слушать звуки волн. Подниматься по тропинке в гору сквозь запахи дубовых листьев, можжевельника, цветущего шиповника. Состоять не из плоти и крови, а из звуков моря и ароматов растений.

Ложиться спать в любое время дня и ночи, бессмысленно таращиться в окружающее пространство — на людей, облака между гор, луну, запутавшуюся в кривых ветках, огромное блестящее море.

Не надевать на себя ничего, кроме платья, не брать на себя никаких обязательств.

Однажды к нам в бухту приплывают дельфины, показывают мокрые спины из воды, смешно фыркают. Синица залетает в комнату. Море и небо бледно-розовые, как цветы шиповника.

Болтаться в этом море, как медуза, не смывать с себя соль, молчать, смеяться, не думать, не желать, не скучать, не переживать, не грустить, не радоваться, не знать, кто ты на самом деле.

В первый вечер, пока еще не потеряла память, бросала камешки в воду, эти камешки и теперь лежат там, смотрят на проплывающих сверху прозрачных медуз. Где-то выше гуляли свадьбу, и кто-то пел прекрасным баритоном «Море знает: у него есть ты».

Киев, kiss me

Первое, что я увидела в Киеве, выйдя с вокзала, — граффити «Любовь есть». Приятно, когда город сразу признается в любви. Эта надпись располагалась на стене какого-то кафе, куда мы тут же зашли всей толпой в двадцать человек: объявили бранч, ели пельмени, пили глинтвейн, играли на пианино. Богемный образ жизни как он есть. Решили строго придерживаться плана не иметь никаких планов.

Ночью в Киеве окна церквей горели изумрудным светом, а на улицах пахло не сиренью и не каштанами, а липами, которые распустятся только через месяц.

***

Мы шли по полупустой улице, где несколько элегантно одетых пожилых дам оживленно спорили о чем-то. Завидя нас, они замолчали, а потом

сказали: «Девочки, зайдите вот в этот двор. Там есть фонтан и влюбленные пеликаны».

И кто мы такие, чтобы игнорировать эти советы?

Во дворе, действительно, был неработающий фонтан со скульптурами — два пеликана с оранжевыми клювами. Дедушка сажал тюльпаны, цветущее дерево осыпало лепестками красивую старую машину. Напротив дома с колоннами пустовали качели, которые мы, конечно, заняли. Маленький мальчик в это время грустно ходил кругами вокруг площадки.

— Наверно, он тоже хочет покататься.
— Так пусть попросит, мы уступим!
— Наверно, он стесняется.
— Ничего, надо воспитывать в детях смелость, терпение и навык преодолевать трудности!

В общем, покатались и ушли, мальчик привел друга и занял наши места — если и не смелость, то терпение немножко воспитали.

Купили зеленую бутылку сидра и поступили концептуально: спустились с горы к фуникулеру, чтобы снова подняться на гору на фуникулере, и там уже выпить сидра. Водительница фуникулера в синей жилетке кормила с рук синиц. Огибающие потолок станции полосы витражной мозаики горели на солнце. На одной из опор было написано «Маша любит котиков». Всё-то он знает, этот город.

Поднялись на гору, спустились с горы, пришли на фестиваль, купили мятный лимонад и возлегли на соломе под деревьями. Золотое солнце, фанковая музыка, желто-зеленые флажки и кружевные ловцы снов, расслабленные люди и городской шум — что может быть лучше вечера субботы в любом городе мира, подумала я и, взмахнув рукой, опрокинула полный стакан лимонада на землю. Сначала расстроилась, а потом решила: в конце концов, надо и землицу киевскую угостить.

На стене заметила черную точку, под ней было написано, что это дырочка в другую вселенную.

* * *

На следующий день отправились за современным искусством, но нужные адреса ускользали от нас. По дороге мы считали черных котиков на клумбе, пили отличный кофе в кофейне, где под густой тенью каштанов всегда царит вечер, стояли по щиколотку в белых лепестках облетающих деревьев.

Вместо картин в музеях решили охотиться за рисунками на домах: видели человека, плывущего в реке с оленем, черно-белых зверей, белую ворону и желтую синицу. Пробирались дворами ради лучшего вида, следовали карте и интуиции, видели зеркала на стенах, обереги на деревьях, фонтаны, состоящие из чистого света, крокодилов и наскальные росписи, космических пришельцев и египетские иероглифы.

* * *

Город говорит надписями на стенах. Кино — это джаз. Я романтика. Бог любит тебя и даже лайки ставит в инстаграме. Ты можешь это. Вандализм — это искусство. Ни дня без строчки. Дружба важнее. Любовь есть закон.

* * *

На высоком берегу с видом на мост и золотые в вечернем свете кораблики на Днепре мы пили розовое вино, ели розовый зефир и говорили о смерти. А потом шли пешком домой и нюхали каждый куст сирени, встречавшийся нам по пути.

* * *

В последний день мы перешли Днепр по мосту, разулись и зашли в воду. Первый раз за сезон пойти босиком — это как поцелуй. Трава целует твои ноги, песок целует твои ноги, вода целует твои ноги.

Пора было возвращаться домой: я сидела в жарком поезде и ждала момента, когда он тронется. Это ожидание становилось нестерпимым, но тут по вагону прошли пограничники со своей пограничной собакой, черным лабрадором, который встал передними лапами мне на колени и поцеловал в щеку. Лучшего прощания нельзя было и придумать.

From California to the New York Island

Arizona Dream

В аэропорту Лос-Анджелеса автоматический пограничный контроль: нужно просканировать в специальном аппарате паспорт, сдать отпечатки пальцев, сфотографироваться, ответить на несколько вопросов («Провозите ли вы фрукты, овощи, насекомых, оружие?») — и аппарат распечатывает мне листик, который я отдаю живому офицеру. Он флегматично спрашивает: «Why are you here?» У меня много вариантов ответа на вопрос в такой формулировке, но кажется, он хочет услышать что-то другое.

Я доедаю яблоко, в обладании которым не призналась автомату-пограничнику, и страшно хочу спать. Второй перелет длится полтора часа. Наш самолет сначала разворачивается над Тихим океаном, а потом летит через пустыню. Пустыня, сначала отчетливо красная в закатном солнце, постепенно становится розово-фиолетовой. Меня поражает, насколько ее рельеф, эти собранные в складки холмы, похож на уже виденное — на русла рек, на ветвление деревьев, человеческих нервов и капилляров. Потом это ветвление прерывается прямоугольниками полей и наростами домов, напоминающими микросхемы или колонии тли на листе смородины. Пустыне еще повезло: человеку от нее мало пользы, так что она остается одиноко лежать своими красными складками.

***

Отельный комплекс, где мы живем в Аризоне, похож на мексиканский город. Маленькие домики обмазаны глиной терракотового цвета. Внутри — прохлада, резные рамы зеркал, подушки с индейскими орнаментами. Я просыпаюсь в семь утра от голода и пробивающегося через шторы света. На улице — кактусы, солнечный свет, синее небо и птицы. Еще вчера у меня были мокрые ноги, потому что первого апреля в Минске шел снег, а я вышла из дома в слишком легких кроссовках.

США — это масштаб. Пустыня — на полстраны. Льда — на полстакана. Смоллток — на десять минут. Каждый встречный спрашивает, как мои дела, как прошел мой день, какие у меня планы, и на мой мышиный писк — fine! — откликается громогласным awesome!

Самое распространенное растение в Аризоне — это гигантский кактус сагуаро. Его возраст можно определить так: если у кактуса два отростка, ему около двухсот лет. Постепенно ствол его деревенеет, он становится настоящим деревом, птицы делают в нем дупла и живут там. Все кактусы цветут. Пустыня весной — царство жизни. За десять минут прогулки между кактусов мы встречаем с десяток птиц, толстую ящерицу и белку.

***

Музей коренных народов — это красивое здание с прохладным внутренним двориком, с фонтанами и пальмами. Внутри ковры, украшения, скульптуры и ощущение навсегда утраченной магии, которая когда-то наполняла мир. Плетеная миска с лаконичным орнаментом из светлых и темных треугольников превращается в схему вселенной: небо, грозовые облака, дождь, горы, пустыня. И так в любом предмете: прямоугольники и треугольники никогда не были просто прямоугольниками и треугольниками, но всегда — чем-то большим. В начале XX века в орнаментах на коврах появляются поезда, машины и магазины. Куклы-скульптуры выглядят как космические пришельцы. В книжной лавке при музее продаются самоучители языка навахо.

Современные коренные жители здесь в основном зарабатывают себе на жизнь ремеслом: вот этими ковриками, мисками и украшениями. Художники расскажут, что значат эти символы, но по-настоящему они уже ничего не значат, они уже расколдованы и останутся только приятным глазу геометрическим орнаментом. Продавцы, как и положено здесь, бросают каждому подходящему стандартное «hello how are you doin», но никто из них не восклицает awesome.

***

Седона — это город в краю красных скал. Улицы в этом городе называются так: улица Тортильи, Кофейника, Громовой горы. Красные скалы, красная земля под ногами, зеленые растения, а среди скал часовня, в которой вместо алтаря — просто прозрачное стекло на всю стену. Вечером в Седоне мы едем на лекцию по астрономии. Лекция проходит в поле на школьном стадионе, где установлены два мощных телескопа. Вражеские корабли у ворот Тангейзера в них, конечно, не видны, но видно Море Кризисов на Луне, спутники Юпитера, выстроившиеся в виде вопросительного знака, Сириус и Альдебаран, молодые звезды, образующиеся из облаков пыли и газа в поясе Ориона, тройная звезда Большой Медведицы и спектр, на который раскладывается свет от Бетельгейзе. Когда-нибудь она станет сверхновой.

Город святого Франциска

В аэропорту Сан-Франциско на паспортном контроле играет приятная расслабляющая музыка, а сотрудник время от времени говорит: «Now please give me your broad smile!» Сразу за зоной досмотра — комната для медитации и магазин с веселенькими носочками. Я не против воспользоваться комнатой для медитаций: взлетно-посадочная полоса в этом аэропорту обрывается прямо в воду залива, так что когда самолет садится, он сначала так долго и низко летит над водой, что хочется залезть под кресло в поисках спасательного жилета.

Вчера я жила в роскошном отеле и ужинала в ресторане, а сегодня вся моя еда — сэндвич с рыбой на набережной и конфета, предусмотрительно

привезенная с собой еще из дома. Люблю разнообразие жизни.

В хостеле огромный общий зал с круглыми окнами в стиле ар-нуво и лепниной на потолке. Здесь сортируют мусор, призывают использовать многоразовые бутылки, а посуду моют в трех раковинах без проточной воды. На полу ковролин с мексиканскими узорами, коридор узок и запутан, как лабиринт, во дворике-колодце цветет герань. За завтраком в общей комнате я ищу место, равноудаленное от всех людей, сажусь через стул от какого-то парня и уже через пару минут не могу оторвать от него взгляд: темные волосы, мрачный профиль, татуировки на руках. Он молча рисует и, похоже, выбирал место по такому же принципу, что и я. «Introverts, unite separately in your own homes»*, — написано у него на майке.

---

*«Интроверты, объединяйтесь по отдельности у себя дома».

***

Есть такая затасканная романтическая фраза: «Какая разница, сколько лет твоим кедам, если ты ходишь в них по Парижу». Я переделала ее: «Какая разница, сколько часов я не ела, если я не ела в Сан-Франциско». Билет в музей современного искусства стоит 33 доллара. Самый дешевый кофе — три, самый дешевый сэндвич — шесть. То есть, считаю я, по одной воображаемой чашке кофе с Клее, Ротко, Поллоком, Фридой Кало, Диего Риверой, Дианой Арбус, Матиссом, Дибенкорном и Томасом Сарацено. По одной воображаемой чашке кофе с каждым из них — и одним сэндвичем на всех. В музее семь этажей. К счастью, седьмой закрыт на смену экспозиции.

В Сан-Франциско есть всё, что должно быть в идеальном городе. Есть квартал небоскребов, зеркал и четких линий. Есть исторические трамваи, в которых можно прокатиться с ветерком по холмам, зависнув на подножке. Есть мосты и набережные. Есть маленькие кофейни и большие парки. Есть кварталы вилл в стиле ар-нуво и викторианские дома. Есть японский квартал со странной едой и итальянский квартал с едой знакомой. Здесь часы в разных районах города показывают разное время. Слова выпадают из книг и остаются на асфальте. Ветер на набережной бодрит лучше, чем кофе. Вечерами жители играют на трубах, как будто пароходы, и кажется, что закатное солнце зависает над мостом Золотые Ворота куда дольше положенного по календарю в это время года. За день я исхаживаю холмистые улицы так, что вечером плачу, снимая ботинки.

***

На одном из причалов живут морские львы. Они облюбовали это место, пока оно было в запустении после одного из землетрясений, и люди мудро решили их не выгонять. Причал стал местной достопримечательностью: львы устраивают лежбища, смешно толкаются, сбрасывают друг друга в воду, громко кричат. Наблюдать за зрителями — не меньшее удовольствие: родители превращаются в детей, подростки комментируют поведение львов, как будто это герои их любимых сериалов, — и все одновременно взрываются смехом в момент очередной разборки.

Мост Золотые Ворота похож на маленький красный дефис между двумя полуостровами, а за ним — Тихий океан. Я дохожу до края карты: до дома одинаково далеко во все стороны, разве что только напрямик, через земные недра. Я дохожу до края карты и прикасаюсь рукой к соленой воде — дальше нет ничего, кроме этой воды. По этим водам шли все те капитаны, водители фрегатов, о которых я читала в детстве. На другом краю этой воды плавал мой дед, когда жил во Владивостоке и на Камчатке — а сейчас я стою в ней по щиколотку, оглушенная ветром и солнцем. За моей спиной растут сосны, в них летают колибри.

На океанском побережье сидит немолодой велосипедист. Он основательно и профессионально экипирован: с боков его велосипеда свисают плотно упакованные сумки. Перед ним стоит бутылка вина, лежит яблоко, нарезан сыр. Он неторопливо ужинает и смотрит на океан. От океана вверх идет узкая деревянная лестница; навстречу мне по ней спускается смуглый симпатичный парень, в левой руке он держит палку, другой конец палки упрямо грызет небольшая бульдожка. Бойкая американка сказала бы по этому поводу что-нибудь остроумное и завязала бы разговор, но я так не умею, поэтому просто улыбаюсь, он тоже улыбается.

В автобусе на сидение передо мной садится папа с малышом. Папа поворачивается ко мне боком: горбатый нос, тонкие губы, темная кожа, морщинки в углах глаз. Он что-то говорит своему малышу по-испански, и по интонации его всё понятно. Малыш прижимается к нему, так что не видно его лица, но я замечаю, какие у них одинаковые длинные кучерявые волосы под одинаковыми голубыми кепками. Всё рассказывает и рассказывает ему что-то.

***

Хорошо было бы жить в этом городе. Быть художницей с разноцветными волосами, носить длинную юбку, учиться в местной академии искусств, посещать все выставки в музеях, покупать продукты только в экологически ответственных магазинах, грустить в парке возле океана, влюбиться в однокурсника, рано выйти замуж, ходить в походы в Йосемити вместе с детьми, никогда за всю счастливую длинную жизнь не выехать из Штатов. Я проживаю эту жизнь, пока поднимаюсь по деревянной лестнице от Тихого океана, улыбаясь незнакомому человеку; такая хорошая жизнь.

На набережной галдят туристы и чайки. Я честная туристка, покупаю рыбный сэндвич, сажусь на лавку, смотрю на океан. В этот момент чайка гадит мне на джинсы. Святому Франциску, в честь которого назван этого город, не мешало бы проповедовать местным птицам хорошие манеры.

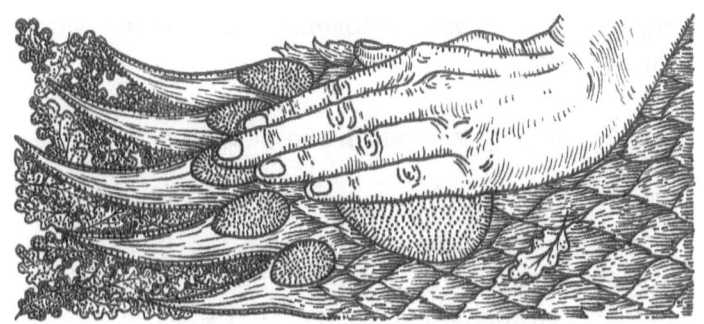

Страна медведей

Американские поезда уютны и заботливы. Никаких механизированных объявлений: всё говорит машинист. Это станция такая-то, дорогие пассажиры, так что если вы едете досюда — самое время собираться к выходу. Привет, зашедшие пассажиры, располагайтесь поудобнее и не кладите, пожалуйста, ноги на сиденье. Я убираю ноги с сиденья и смотрю в окно. За окном — залив, на мелководье вышагивают серые длинноклювые птицы. Летит горбатая белая цапля. Сидит на крыше низкого дома павлин.

После поезда я пересаживаюсь на автобус: мелькают одинаковые дома маленьких пустых городов, огромные плантации плодовых деревьев, посаженные одинаковыми ровными рядами. Потом за окном появляются горы, долины и река.

Я еду в Йосемити, чтобы посмотреть на секвойи, но всё идет не по плану. Одна из рощ секвой закрыта для посещения, во вторую можно доехать только на машине, дорогу к третьей залила река. Здесь очень холодно, еще лежит снег. Наверно, можно было бы что-то поменять и вернуться обратно, но сотрудницу, которая проводит мой чекин, зовут Destiny (Судьба), и я решаю не суетиться. Мой дом на три дня — это дом в лесу, в котором помещается только кровать, тумбочка и обогреватель.

***

Несколько часов до темноты я решаю потратить на исследование окрестностей — подняться до ближайшего водопада. Вокруг сыро, мрачно, зелено, красиво. Еще выше есть удобная пологая площадка, но путь мне преграждает бурный ручей, текущий от этого самого водопада. Я могла бы перебраться туда, если поставить ногу вон на тот камень и упереться рукой в землю. Но вот обратно спускаться будет неудобно. Я думаю: отсюда тоже красивый вид. Я думаю: у меня даже нет страховки, если я поскользнусь и сломаю ногу. Думаю: я достаточно налюбовалась на водопады и пойду обратно вниз в долину. Дальше со мной происходит то, про что я читала только в книжках. Мой ум принимает окончательное решение идти домой, но в это же мгновение я обнаруживаю, что уже перебираюсь через ручей.

Усаживаюсь в корни дерева, растущего на площадке — удобнее мне не было ни в одном кресле. Если опустить левую руку — под ней будут мелкие камушки уходящей вниз пологой осыпи. Если опустить правую — идеально ложащийся в ладонь, поросший мхом корень. Такой теплый и мягкий, как будто это лапа живого существа.

Перелазить обратно действительно немного неудобно. Я осторожно иду вниз, а к соседней почти отвесной скале ловко подбираются парень с девушкой и быстро, как пауки, забираются на нее. Меня они даже не замечают.

***

По всему Йосемити только и разговоров, что о медведях. В инфоцентрах крутят видеоролики про медведей. Про медведей пишут в каждом буклете. На парковках стоят специальные знаки. Штука в том, что медведи приходят к людям за легкой едой. Они чуют еду в машинах, палатках и мусорках, поэтому нужно всё закрывать, а еду оставлять только в специальных ящиках. Поэтому ночью я просыпаюсь от любого шороха и думаю, а не медведь ли это?

В солнечный день в Йосемити иду по тропе вокруг самого знаменитого местного озера: знай шагай себе, а если выберешь менее очевидную тропинку — будет тебе еще и волшебное одиночество вместо толп. I took the one less travelled by and that made all the difference, в Америке слушай советы американских поэтов. Будут огромные куски скал, будет зеленый мох, такой изумрудный, такой мягкий — нет, все-таки это шерсть гигантского зверя. Будет сухая хвоя под ногами и толстые, в три-четыре обхвата сосны с корой, похожей на землю пустыни. Потом будет озерцо и пирамиды из камней. На другой берег озера я перехожу по поваленному дереву, внимательно глядя на быструю зеленую воду под ногами.

Прощальный подарок от Йосемити — поездка на автобусе обратно к поезду. Водительница — разговорчивая крупная женщина. Она почти сразу принялась болтать со мной, и за два часа пути я узнала про Йосемити почти всё: про засуху и снег, про сплавы по рекам и походы по горам, про старейшую угольную шахту в Калифорнии и музей, где во дворе стоит паровоз. И про медведей, которые бесстрашно выходят на дорогу.

Новый Орлеан

В аэропорту Нового Орлеана (имени Луи Армстронга) в любом уголке тихо играет джаз. Когда выходишь из самолета в Аризоне, то с первым вдохом понимаешь: пустыня, кактусы, индейцы. Когда выходишь из самолета в Луизиане, то с первым вдохом понимаешь: тропики, река, болота, крокодилы, малярия.

Ладно, ладно, без малярии.

Добраться из аэропорта имени Луи Армстронга в город субботним вечером невозможно ничем, кроме такси, которое выходит в итоге на десять долларов дороже рассчитанной суммы, но черт с ним — решаю я — главное, что сейчас окажусь в комнате исторической креольской гостиницы.

Исторической креольской гостиница гордо называет себя сама. В описании сказано, что тут может водиться привидение. Хозяйка пишет мне СМС с кодом от замков, на пороге у входа в дом сидит черный кот. В комнате огромная кровать — такая высокая, что на нее нужно взбираться, как на лошадь. В одном из шкафов не открывается дверца; за дальней стеной, судя по звуку, идет на взлет небольшая ракета (или стоит очень большой и старый холодильник). Когда я захожу в ванную, то думаю: пусть бы эта гостиница была чуть менее исторической — кажется, генеральную уборку тут не делали как раз со времен креолов.

Помимо кровати-лошади в номере есть еще две поменьше, так что я, как Машенька в сказке, могу поспать на всех трех, но я только сгребаю в кучу три одеяла и устраиваю себе гнездо. Следующие четыре дня я живу здесь.

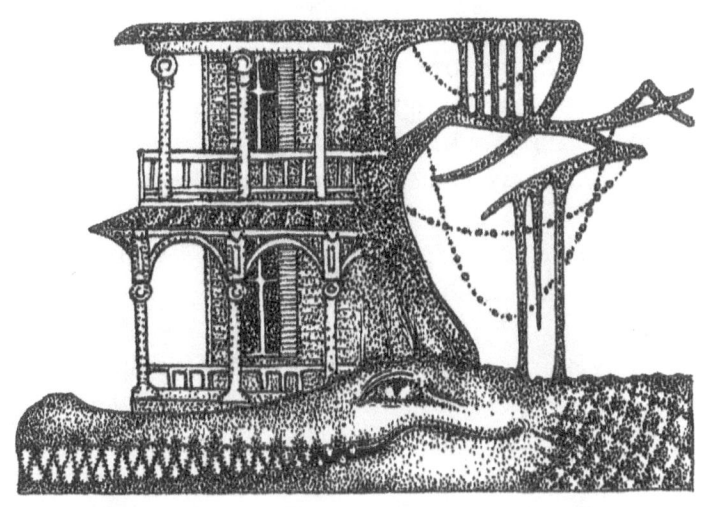

***

Новый Орлеан — самая южная точка в мире, где мне пока доводилось бывать. Я захотела сюда приехать, потому что это родина джаза. Город был сначала испанским, а затем французским владением; вместе с креольским и афроамериканским наследием это создало смесь культур, которой нет больше нигде. В центре Нового Орлеана — Французский квартал, маленькие разноцветные дома с балконами, кружевными коваными решетками и жизнерадостно цветущими даже в феврале растениями.

Новый Орлеан с самого начала не очень-то милостив ко мне. Я остаюсь без телефона, без связи, без навигатора и карты. За утро три раза попадаю под тропический ливень, еда слишком дорогая, а музей джаза — это только громкое название: пятнадцать фотографий, пять видео и одна труба Луи Армстронга.

Я иду по пустой улице, еще не построив в голове мысленную карту города, когда напротив меня останавливается машина. Молодой водитель пристально смотрит мне в глаза. Ну вот, началось, думаю я (у Нового Орлеана репутация не самого безопасного города) и с делано независимым видом иду дальше, а парень метким броском отправляет газету на порог дома — того, который я ему загораживала.

Слушай, Новый Орлеан, говорю я, слушай, ну я же свой человек. I can swing and I can jam, дай мне только добраться до джазовой вечеринки — сам увидишь. Но ничего не происходит, только снова идет дождь, я в сердцах ругаюсь — да сколько же можно! — и упрямо иду по набережной огромной реки Миссисипи. В конце набережной на перилах лежит пакет с двумя пончиками из самой знаменитой местной кондитерской — из-за ее цен и популярности я даже не собиралась туда заходить. Вокруг никого нет.

— Ладно, — ворчу я. — Спасибо.

Я возвращаюсь в свою историческую комнату и без сил падаю — хотя нет, надо придерживаться правды — без сил взбираюсь на гигантскую кровать в свое гнездо. До джазовой вечеринки есть еще пара часов отдыха для гудящих ног.

По дороге на вечеринку встречаю дом, украшенный стеклянной мозаикой, и деревянную конструкцию, которая, судя по табличке, представляет собой корабль мертвых, растущий на дереве жизни, с птицей-фениксом вместо паруса. На вечеринке — урок танцев и джазовый оркестр. Танцы — мой способ оказаться дома в любом городе мира. У трубача в этом бэнде полосатые носки, тонкий нос и кучерявые волосы, завязанные в хвост на затылке — кроме, конечно, вечно падающей на лоб пряди. Музыка и танцы продолжаются далеко за полночь.

* * *

Ночью я иногда просыпаюсь от громких звуков. Это гудки пароходов врываются в сны. Утром кто-то звенит посудой в холле, но, когда я выхожу, там уже никого нет. Возле входной двери меня снова встречает черный кот. «А, так это ты гремел тут посудой?» — спрашиваю я.

В Новом Орлеане хочется обнять каждый дом Французского квартала. И еще крепче — каждый дом района, где находится моя историческая креольская гостиница, потому что этот район живой, невидимый для туристов, попрошаек и фриков с Бурбон-стрит. Веранды, кресла, цветущие магнолии (о, нежный луизианский февраль!), кружевные балконы, желто-зелено-фиолетовые блестки, бусы и букеты, оставшиеся с празднования карнавала Марди Гра. Эти бусы висят на дверях, на деревьях, на машинах и мопедах, и только в одном окне я вижу невозмутимо моргающую красными огоньками рождественскую елку. В США страшно любят собственный флаг, но здесь на каждом окне — желто-зелено-фиолетовый. И только на одном доме я вижу флаг, на котором изображен весь земной шар.

Местная еда — аллигатор на палочке, рис с красной фасолью, рыба, креветки и устрицы и суп из всего этого. А еще — сладости. Я захожу в магазин, который пахнет, как лучшее утро в жизни; шоколад, орехи, соленая карамель, разноцветная пастила. Шоколад с карамельными разводами называется «грязь Миссисипи», я насыпаю в пакетик несколько конфет и пишу подруге: везу тебе кое-что сладкое.

— Тебе все-таки удалось запихнуть трубача в чемодан?

***

Обзорная экскурсия по городу стоит пятьдесят баксов. А проездной на весь транспорт на день — три, так что я усаживаюсь в старый деревянный трамвай и отправляюсь в Garden District смотреть виллы, старое кладбище и огромные-огромные деревья, раскинувшие низкие ветви на десяток метров вокруг. Вместо того чтобы обрезать, на них вешают таблички с предупреждением о допустимой высоте проезжающих под ними машин. Впрочем, службу по обрезке деревьев я тоже вижу. На комбинезонах рабочих написано «Yeah Trees», они срезают пожухлые пальмовые листья.

Раз уж у меня есть проездной, еду в дальние части города. В район бывших торговых складов, а сейчас, конечно, музеев. В огромный городской парк, где час лежу под «поющим дубом» — старым деревом, увешанным колокольчиками, звенящими на ветру. На край огромного озера — такого огромного, что я не могу разглядеть дальнего берега, только длинный, уходящий за край мост. Наверно, когда едешь по нему, то кажется, что это мост через море. Прямо за автобусной остановкой — маленький старый маяк в окружении четырех пальм. По пальмам ползают белки. На мусорных баках нарисованы ноты и крокодилы.

***

Сегодня я видела (записываю на маленьких листочках, просто чтобы не забыть): рыб, плавающих под асфальтом, тысячу зеленых попугаев на черной стене, красный пароход в мутных водах Миссисипи, пеликана, бегуна, который остановился, чтобы погладить уличного котика. Пишу это, пока жду парома на другой берег Миссисипи — прогулка на пароходе стоит тридцать баксов, а паром — два. Правда, и идет он десять минут, а не несколько часов, но эти десять минут ты всё равно плывешь по мутным водам Миссисипи.

На другой берег не добираются туристы. Тут всё те же разноцветные домики с кружевными балконами и старые деревья, а у пристани ремонтируют корабли. Старая церковь выглядит так, будто ее телепортировали сюда прямиком из какой-то французской деревни, напротив — памятник всем жителям этого района, погибшим в войнах. На нем написано, что свобода важнее, чем страх. Чуть дальше — огромное красивое дерево, кажется, едва ли не больше церкви. Через дорогу — кофейня, куда я захожу за пирожным с абрикосом и орехами. Сажусь на улице, чтобы смотреть, как люди заходят в кофейню на обед или здороваются с кем-то снаружи. Надо мной висит местная доска объявлений, на ней соседствуют афиша нового альбома Джастина Тимберлейка, объявление про лекцию о влиянии африканской кухни на местную и написанная разноцветными карандашами записка о продаже печенья от гёрлскаутов.

***

Я прохожу мимо дерева, которое, кажется, совсем недавно сбросило свои красные листья — вот они рассыпаны вокруг, — и понимаю, что я не знаю, какое сейчас время года. По календарю февраль, но тут цветут магнолии, а деревья сбрасывают красные листья.

Всюду играет джаз, всюду играют уличные музыканты — я выбираю место для обеда так, чтобы видеть их из окна. Что еще я вижу в этот день? Двух стариков, почти близнецов, почти одинаково сухощавых и седых: один в джинсах, кедах и белой майке без рукавов идет так расхлябанно, как будто ему по-прежнему девятнадцать и он doesn't give a shit. Второй в десяти метрах за ним, в брюках и лиловой рубашке, в галстуке-бабочке. Вижу велосипедиста, который в детском прицепе везет контрабас. Вижу, как у кого-то в горшках возле дома вместо цветочков растет свекла, а у кого-то другого в таких же горшках вместо милых фигурок на палочках стоят черные фламинго с зубастыми клювами. Культ вуду — такой же фирменный знак Нового Орлеана, как джаз, крокодилы и плантации, в любой сувенирной лавке можно купить россыпь кукол вуду за пару долларов.

***

В третий день по прогнозу обещают дождь с полудня, а я уже выяснила, что такое тропический дождь. Пожалуйста, говорю я, хотя бы еще пару часов. Просто пару часов. Прогноз отодвигает дождь на три часа дня. Я гуляю, пока не начинают подергиваться мышцы в ногах; тучи сгущаются и темнеют, ветер становится резче. Я иду всё дальше и дальше, в узкий парк, разбитый на месте бывшей верфи. Я иду, и черные тучи идут передо мной — идут, и уходят куда-то вбок.

Парк на верфи сделан в форме длинного полумесяца, в нем обитают бегуны и собачники.

В гигантском пустом портовом здании сидит один человек в позе лотоса и медитирует, глядя на проходящие по Миссисипи разноцветные грузовые корабли. Вдоль дорожек расставлены произведения искусства — например, ржавая металлическая кабинка, куда можно зайти и увидеть свисающую сверху ракушку.

Мимо проходит один из расслабленных местных чуваков с белыми бусами на шее и, кажется, без определенного рода занятий. Он спрашивает, нет ли у меня сигареты, и ведет со мной полагающийся смоллток: а я здесь учусь или путешествую, а откуда я, а где это, а, так этот табак приехал сюда из-за океана? На прощание протягивает мне руку, и если я знаю что-то о персонификации городов, то это, конечно, сам Новый Орлеан пришел со мной поговорить. Я же говорила, думаю я. Я же говорила: I can swing and I can jam.

И дальше город показывает, на что он способен. Я иду по тому же району, где я ходила все эти три дня, но вдруг всё меняется: на каждой стене я вижу настоящие картины (и даже художника, который их рисует). Магазин виниловых пластинок. Старая пожарная станция. Бесплатная уличная библиотека в форме гроба (скелет внутри тоже есть) — на полке стоит книга из моей любимой серии, которую я еще не читала. Дом, похожий на церковь, но на фасаде написано Opera House. Дом, где на веранде, как тут и положено, стоят удобные кресла, а в них удобно развалились котики — и еще с десяток бегает по саду. На кирпичном здании огромная надпись под самой крышей — «You are beautiful».

***

Отправляю своему другу-художнику улов стрит-арта за день. «Что они едят, что так рисуют?» — пишет он мне.

Что едят, что едят. Устриц и аллигаторов, грязь Миссисипи и соленую карамель.

Нью-Йорк, Нью-Йорк

Понять Нью-Йорк всё никак не удается. Ходишь по улицам, глазеешь, расстегиваешь пальто и всё равно не понимаешь: город, в отличие от твоего пальто, по-прежнему застегнут на все пуговицы. Гуляла по Метрополитен-музею и Центральному парку, прошла через Маленькую Италию и Чайнатаун. В Гринвич-Вилладж, среди кирпичных домов с черными пожарными лестницами, слушала, как за моей спиной кто-то бурно обсуждает по телефону продажу предметов искусства. В Бруклине ела клубничное мороженое. В джазовом клубе меня пригласил на танец местный завсегдатай Тони.

— А сколько вы уже танцуете?

— Лет сорок. Или пятьдесят. Я прихожу сюда каждый понедельник и среду.

На стене возле джазового клуба стрит-арт — корабль в кружеве бирюзовых морских волн, надпись по борту — cursum perficio, конец путешествия. Внизу на асфальте другая надпись — I love you. Я всё еще не понимаю этот город, а вот он меня, кажется, да.

Самое северное место

В чемодане лежат красные валенки и черные туфли на высоком каблуке. Я еду в Канаду — ходить по снегу под северным сиянием и танцевать под джаз.

Сутки я провела в дороге. Когда я еду из аэропорта в отель сквозь серый плоский февральский мир, мне слабо верится, что я на другом континенте. Потом появляются горы. Потом появляется солнце. А потом — желтый знак с предупреждением о лосях. Тогда я понимаю, что я в Канаде.

Банф — это старейший канадский нацпарк. В его рекламу вложилась Тихоокеанская железнодорожная компания, она же построила отель на берегу озера, в котором я живу. Зимой по озеру катаются на коньках и лыжах. Если добраться до другого берега, то видно, как замерз наверху водопад, и лед его бирюзового цвета. А тех туристов, которые не хотят ехать до водопада на лыжах, мохнатые черные лошади с инеем на брюхе довезут в санях.

Ночью в окно желтым прожектором светит луна. Горы темны, и только сверкает синими огоньками елка у входа в отель. Я рано просыпаюсь из-за джетлага, и мне достаются самые прекрасные рассветы: верхушки мрачных гор горят малиновым светом и медленно синеет небо.

Днем я отправляюсь по тропе, которая, если верить указателям, должна привести меня к горному озеру. Когда иду, то слышу только, как скрипят по снегу мои красные валенки. Когда останавливаюсь и снимаю шапку, рискуя отморозить уши, то слышу только, как стучит сердце. Елка бесшумно машет лапой, и на меня сыпется нежнейшая сахарная пудра, как с пончика, который я ела утром. К стуку сердца добавляется стук колес поезда: где-то в долине кто-то едет с той самой Тихоокеанской железнодорожной компанией.

Небо сияет синим, снег — белым. Солнце сквозь сосульки горит ярче, чем светодиодные лампочки. На заснеженных склонах — следы невиданных зверей. Цепочка самых крошечных следов обрывается под одной из елок — может, там у мышки спаленка? Я выхожу на середину горного озера. Тут никого нет. Вот летит самолет, оставляя на небе след белый, как снег вокруг. Вот кричит птица, недовольная тем, что я торчу красным пятном посреди ее озера. Если подняться еще выше, то открывается вид на всю долину. Солнце, тишина. Пик, на который я смотрела из долины, задрав голову, сейчас на уровне моих глаз. Потом, внизу, я прочитаю, что он называется Большой палец дьявола. Двое парней приветствуют меня и продолжают свой путь — дальше, через белое озеро, окруженное горами. Это первые люди, которых я встретила за всю дорогу в семь километров.

***

Из Банфа улетаю в Йеллоунайф. Когда я впервые увидела на карте, где он, сердце дрогнуло: это самое северное место из всех, где мне доводилось бывать. Крошечная точка на краю огромного озера, похожего на птицу. Я еду сюда в надежде увидеть северное сияние. Именно за этим все сюда и приезжают — больше тут делать нечего. У городка крошечный аэропорт, в котором путешественников сразу встречает чучело белого медведя. Северное сияние здесь регистрируют в среднем 240 дней в году.

В городе местные суровые мужчины с обындевевшими бородами строят ледяной замок на берегу. По самому озеру ездят машины — в холодное время года это удобное шоссе между населенными пунктами, в которые иначе пришлось бы добираться в объезд по длинной береговой линии. Некоторые одноэтажные разноцветные дома стоят прямо на озере: так выгодней, ведь не надо платить налог на землю. Летом, правда, приходится добираться домой на лодке, но сколько того лета. Главные городские достопримечательности — магазины зимней одежды, галереи с изделиями местных художников, большой градусник (он показывает -19 C°), любопытные собаки, кафе «Танцующий лось» и небольшой холм с обзорной площадкой.

Йеллоунайф — пример того, как можно сделать бизнес в прямом смысле из воздуха. Изначально сюда приезжали японские туристы (и сейчас японцев, корейцев и китайцев абсолютное большинство), которые верили, что ребенок, зачатый под северным сиянием, будет чрезвычайно удачлив в жизни. Японцы задали моду, и в город стали съезжаться туристы со всего мира. В десятке километров от Йеллоунайфа двадцать лет назад построили специальное туристическое поселение Aurora Village, куда и привозят всех желающих посмотреть на сияние. Зачать ребенка сейчас тут вряд ли получится, но можно поужинать, купить сувениров и ждать своей удачи в палатке-типи на берегу озера, пока снаружи мороз усиливается, и температура понижается с минус двадцати до минус двадцати семи. Небо ясное, но луна продолжает светить как прожектор, и никакого сияния нам не является — ни в тот вечер, ни в следующий. Зато является два гало — лунное, окружающее луну бледной радугой, и солнечное, оставляющее два золотых пятна по бокам от солнца — такое здесь называют sun dogs, солнечные собаки. Вижу я его, когда возвращаюсь от собак земных — мохнатых северных собак, для которых минус восемнадцать — это слишком тепло, чтобы возить упряжки. Весь день идет снег, снежинки ложатся на черную собачью шерсть, и только по дороге в отель вдруг открывается солнце с его золотыми радугами.

Из моего окна на восьмом этаже хорошо видны поселок и озеро, и вечером над синеющей землей восходит огромная розовая луна, немного сплющенная из-за каких-то воздушных эффектов.

***

Торонто состоит из ветров, грязных снежных сугробов на обочинах, небоскребов, неовикторианских особняков, черных белок и кленового сиропа.

Сначала город меня совсем не впечатляет: я думала, это будет такой канадский Нью-Йорк, веселый и живой, но на первый взгляд он кажется полупустым. Меня удивляет сочетание небоскребов и старых особняков: они стоят не кварталами, как можно было бы ожидать, а вперемешку. Идешь и вдруг натыкаешься на английский замок — а это корпус университета. На фасаде каменный герб штата Онтарио: лось и олень держат медведя.

В Торонто я иду на джазовый концерт в маленькую таверну с липкими столами. Стены увешаны старыми плакатами, а на сцене готовятся музыканты. Здесь впервые в Торонто начали играть новоорлеанский джаз — и, собственно, продолжают это делать до сих пор. Какой-то старичок объявляет, что он написал книгу о новоорлеанском джазе в Торонто, ее можно купить, у него осталось еще два экземпляра (несколько людей за барной стойкой действительно увлеченно читают). Музыканты немолоды и очень круты. Официантка — майка с надписью «Nervous», свободные джинсы, черные волосы — в перерыве подходит с большим подносом, уставленным разными банками и стаканами. Каждому музыканту — свое пиво, а кларнетисту она еще и нежно поправляет дреды. Поздно вечером я возвращаюсь в отель через Чайнатаун и покупаю себе неизвестную еду в крошечной лавке (меню только с иероглифами). На улице мелкий снег, ноги полны танцев, рюкзак греет спину незнакомыми китайскими блюдами — вот он, момент, ради которого каждый раз выходишь из дома.

На следующий день еду смотреть Ниагарский водопад. Ветер — почти со штормовым предупреждением. Выходишь к водопаду, и на тебя обрушивается грохот бутылочно-зеленой воды, которая несется прямо под тобой с такой мощью, что тебя качает от самой этой мощи, а не от штормового ветра.

В воздухе висит ледяная пыль, и деревья вокруг водопада покрываются тонким слоем льда. Я тоже покрываюсь им, как леденец, и внутри меня всё становится кленовым сиропом от этой суровой красоты перед глазами. А перед самым отъездом, на прощание, небо высовывает радужный язык и лижет меня напоследок.

Хоть бы ему было вкусно, думаю я. Хоть бы ему было вкусно.

Империя света. Венеция в несезон

Путешествие в Венецию начинается со спектакля Михаила Барышникова о Бродском. На сцене установлена застекленная светло-зеленая веранда, в которой то горит, то гаснет свет. Полтора часа стихов требуют большой концентрации внимания. Я пытаюсь запомнить многое, но запоминаю только: «Я пишу эти строки, сидя на белом стуле под открытым небом, зимой, в одном пиджаке...» На следующий день после спектакля у меня самолет в Венецию. В самолете я читаю «Набережную неисцелимых» Бродского.

И вот я перехожу свой первый канал в темноте, глядя на блики от фонарей в черной воде, но не особенно обращая на них внимание, потому что занимаюсь сложными построениями в навигаторе, которые еще больше затрудняются чемоданом с оторванной ручкой. На следующем канале меня обдает запахом мерзлых водорослей, и с этого момента я точно знаю, где нахожусь.

Я живу в маленькой комнате непрезентабельного отеля. В ней старая мебель, черная плесень в углу и затхлый воздух. Но когда я открываю окно утром, чтобы хоть немного проветрить, первое, что я слышу, — крики чаек. Кто-то говорит, что не может находиться в Венеции дольше трех дней: из-за узких улиц начинается клаустрофобия. Возможно, если бы моя комната была на третьем этаже, это случилось бы и со мной. Но она на четвертом, и когда я открываю окно утром, то вижу черепичные крыши и розовое небо. Этот отель, с его затхлой мебелью и ветхим воздухом, находится на узкой и тихой улице. Такой тихой, что единственный звук, который прерывает мой обычно поверхностный сон, — колокола в семь утра в соборе Сан-Марко. Ну а раз уж я проснулась в семь утра и открыла окно, то зачем оставаться в комнате? И я ухожу на звук.

Сан-Марко — это творение подводного мира. Бродский пишет, что собор оброс статуями святых, как ракушками, — это правда. Это огромный коралловый риф, с куполами-медузами, с крестами, которые похожи не на христианский символ, а на щупальца актиний или усики на картинах Жоана Миро. На картинах Жоана Миро, которые висят в музее Пегги Гуггенхайм на другом острове, — и как бы я ни любила современное искусство, в этот раз мне интереснее смотреть на Гранд-Канал, чем на авангардистов. Из всех работ музея мне запоминается «Империя света» Рене Магритта. Потому что весь этот город — империя света.

Своды огромного Сан-Марко заполнены золотой мозаикой, как будто блестками солнечных лучей. Просто потому что мы можем, просто потому что всего у нас в избытке — и золотой фольги, и муранского стекла, и солнца. Выхожу из собора, вытряхиваю из глаз блики, смотрю, как голуби копошатся в неработающем фонтане с остатками воды и медными монетами. К голубям целеустремленно топает итальянский малыш; «Марк, Марк!» — зовут его родители.

В семь утра город шевелится деловито, ему нет дела до туристов. Дерзкие чайки сидят на торжественных крылатых львах, идеально совпадая с мрамором по оттенку. Вдоль набережной Гранд-Канала фотографы уже расставили свои штативы, ловя оранжевые полосы восхода. Жители гуляют с собаками. Военные в белых фуражках торопятся в здание Арсенала. Дети и подростки идут в школу, болтают о чем-то, толкают друг друга, опаздывают, добегают последние метры до входа, запыхавшись. Как? В Венеции можно просто ходить в школу? Что можно изучать в школе в городе, где даже муниципальная служба называется «Управление всех вод»? Рассчитывать траектории полета духа божьего?

На этот город все жалуются из-за толп людей в шортах на фоне дворцов и соборов, из-за назойливых торгашей, желающих от тебя только денег, из-за запахов и жары. В январе я хожу по полупустым улицам, и торговые лотки с венецианскими масками меня не смущают — они только мелодично позвякивают, когда их вечерами увозят куда-то на ночлег. А в зеркалах витрин живет тот же свет, что и в бликах каналов. Я сама, конечно, не в шортах, но мне немного неловко за свои грубые ботинки. Бродский в «Набережной неисцелимых» пишет, что здесь хочется одеваться элегантно: купить плащ, шляпу — и никогда их больше не носить. Он пишет, что потом подарил этот плащ «лучшему танцовщику на планете»; только вчера я слушала стихи в исполнении этого танцовщика.

Прочитать «Набережную неисцелимых» перед поездкой было хорошей идеей. Весь город становится для меня Набережной неисцелимых, как будто я иду по нему сквозь еще одно измерение — словесное, овеществленное пространство прочитанных стихов, вдруг ставших зримыми и осязаемыми. Весь город воспринимается через взгляд человека, который в этот город был влюблен. Вот зимний свет, о котором он пишет. Вот дома, с которых, словно кожа, облазит штукатурка. Вот святой Георгий, который макает копье в горло дракона, как перо в чернильницу. Вот плащ и шляпа, которые я не куплю. Вот белый стул, вот черный кофе, вот сотня бликов лагуны, от которых слезятся глаза, но всё равно открываешь их пошире, чтобы запомнить всё это. Говорят, Бродский — имперский поэт. Если речь об империи света, то да.

Я не могу себе позволить купить плащ в Венеции, но за двадцать евро могу купить лазанью на обед и возможность сидеть на набережной, залитой солнцем. Строчка про сотню бликов, которые казнят твой зрачок, становится понятной только здесь. Если бы у меня был пиджак, я бы сидела в одном пиджаке, но у меня только красная куртка и черный кофе — это, как и написал Бродский, единственное черное пятно во всем пейзаже.

За двадцать евро можно купить билет на вапоретто и смотреть, как сменяют друг друга палаццо и виллы, как блестят лазурные и зеленые воды. Можно просто пересаживаться с линии на линию, можно доплыть до острова рыбаков Бурано, чтобы съесть тарелку жареных креветок, или до острова стеклодувов Мурано, чтобы увидеть здания из красного кирпича — такие же, как заводы на улице, где я работаю. Можно кататься круглые сутки, и ни еды тебе не нужно будет, ни ночлега. А если все-таки нужно — есть неуютная отельная комната, где можно разложить на кровати камамбер, авокадо и вино, и лучший хлеб насущный трудно придумать. Принять душ после ужина затруднительно: льется лишь слабая струйка воды. Вся вода в этом городе досталась каналам, Управление всех вод приносит вам свои соболезнования.

Зачем приезжаешь в другой город? Чтобы какое-то время побыть кем-то другим. Кем? Никем — розовым воздухом, запахом водорослей, улицами из воды, бликами под мостами, отражениями домов в лагунах. Моя страна — это Империя света, мой флаг — это розовая полоса старого дома, черная полоса водорослей и матово-зеленая полоса воды канала.

*Я пишу эти строки, сидя на белом стуле
под открытым небом, зимой, в одном
пиджаке, поддав, раздвигая скулы
фразами на родном.
Стынет кофе. Плещет лагуна, сотней
мелких бликов тусклый зрачок казня
за стремленье запомнить пейзаж, способный
обойтись без меня.*
(Иосиф Бродский. Венецианские строфы)

Байкала океан

Байкал всегда был мечтой — загадочная и прекрасная точка (вернее, запятая) на карте. Когда я узнаю про волонтерский лагерь по строительству экотроп на Байкале, то, конечно, отправляю заявку.

Заявку отправляю в апреле, а в июле утрамбовываю вещи в рюкзак и нервно думаю: «Я же на самом деле маленький хоббит Бильбо Бэггинс, который больше всего на свете любит свою нору и обильные завтраки. Ну куда опять? За шесть тысяч километров, жить две недели в палатках в дикой глуши с незнакомыми людьми? С клещами и наводнениями?» Но ничего не поделаешь — в отличие от Бильбо Бэггинса, в этот раз я предусмотрительно кладу в карман носовой платок и выхожу из дома. Два самолета, шесть часовых поясов — и вот я ложусь спать в хостеле в Иркутске, осознавая, что это — моя последняя ночь в кровати и последний душ на две недели вперед.

Но вышло, конечно, совсем не так.

День 1

Мы уезжаем из Иркутска по Ангаре на катере, который плотно забит нашими рюкзаками, коробками, ящиками и пакетами. Несмотря на эту гору вещей, мы все-таки высовываемся наружу, чтобы не пропустить момент, когда Ангара превращается в Байкал.

Наша остановка называется Большие Коты. По правилам, ударение ставится на первый слог, якобы так называлась обувь, которую носили когда-то местные золотодобытчики, основавшие поселок. Никаких котов тут нет, есть только большие лошади, пристающие к отдыхающим на берегу, а также обшарпанные лодки и катера (один из них называется «Космос», на другом написано маркером «Здесь крута») и выцветшие рисунки в стиле наивного искусства на закрытом здании библиотеки. До места, где будет наш лагерь, примерно десять километров. Идем по той самой Большой Байкальской Тропе, которую уже почти десять лет строят вокруг озера команды волонтеров — часть ее будем строить и мы. Прошло пару часов, а кажется, как будто весь день, и я думаю — что бы ни было дальше, две недели дождей, полчища клещей и медведей — оно уже стоило того, стоило одной этой прогулки. Идти вдоль Байкала, смотреть, какая бирюзовая и прозрачная вода у берега, какая молочно-синяя, сливающаяся с небом она вдали, как корабли идут словно по небу. Пить эту ледяную воду. Смотреть на незнакомые яркие цветы. Ощущать, как теплые волны воздуха сменяются холодными. Слышать, как плещутся волны. Чувствовать запахи трав.

Прийти в долину, разбить лагерь, подумать: это мой дом на ближайшие десять дней. Ближайшие десять дней я живу на берегу Байкала.

Выключаю телефон — связи всё равно нет.

День 2

Байкал — первое, что я вижу утром. Потом я вижу туман на горах.

Хорошо быть благодарной самой себе, чувствовать, как твои прошлые действия укрепляют тебя сейчас. Я ходила в поход на три дня, и поэтому могу пройти десять километров до нашего лагеря. Я косила луг в Бескидских горах, и поэтому могу строить тропу на Байкале. Я спала в брюхе Атлантики, и поэтому могу спать на берегу Байкала. Как хорошо, что я всё это сделала когда-то.

Через пару дней додумываю эту мысль: а ведь когда-нибудь я буду так же благодарна себе за эти две недели, потому что они позволят сделать мне что-то в будущем. Ну например: я две недели строила тропу на Байкале, и поэтому могу пойти в поход на Камчатку. Так что можно сказать себе спасибо за то, что я делаю, уже сейчас.

День 3

Шесть часов в день мы строим тропу. Работаем киркой и тяпкой, лопатой и инструментом со смешным названием «маклауд». Ширина тропы должна соответствовать длине кирки, склон должен быть под углом в 45 градусов, чтобы стекающая во время дождей вода не размывала его. Наташа, наш бригадир, рассказывает про виды экотроп. Маршруты разрабатывают специально, чтобы нагрузка на окружающую среду была меньше, а туристы ходили не где придется, а по готовым дорожкам. Туристы как раз проходят мимо, смотрят на наши инструменты, улыбаются и благодарят за работу.

Когда разбиваешь киркой землю, нестерпимо начинают пахнуть травы. Так и работаешь в облаке чабреца, лаванды, дикой моркови, полыни и других, неизвестных мне, растений. На майке у Наташи написано «A woman's place is in the woods» («Место женщины — в лесу»).

Байкал каждый день разный. Сегодня он серо-синий, а на горизонте становится белым и сливается с небом. Хорошо, когда есть время просто сидеть и смотреть на воду.

День 4

От того, что не умеешь правильно работать киркой, болят руки, плечи и спина. Но больше всего болят подушечки на ладонях. Хорошо, что в дождь работать не надо.

Я не знаю, сколько сейчас времени. Я не знаю, что пишут в интернете. Я не знаю, как выгляжу в зеркале. И мне не очень интересно, если честно. Моя самая большая проблема сейчас в том, что я лежу в палатке и очень хочу в туалет, а снаружи проливной дождь.

Вчера вечером мы сидели у костра и читали книги. Книги в поход на Байкал люди взяли такие: «Оливер Твист», «Москва — Петушки», дневники Кропоткина, «Степной волк», «Имя розы», «Лолита», «О революции» и «Пленники географии». Последняя — популистские рассуждения про современную политику — пользуется у всех наибольшим интересом, хоть хозяин и угрожает сжечь ее на костре.

Ветра Байкала называются так: Баргузин, Култук, Сарма, Шелонник.

Ночью Байкал шумит настолько громко, что я не могу спать.

День 5

На десять дней мир для меня состоит из пятнадцати человек (проходящие мимо туристы и коровы не в счет). Бригадир Наташа — спокойная, уверенная, загорелая, всё знает и всё умеет. Помощница Таня — длинноволосая Лорелея, от которой никто не уйдет голодным. Надя и Полина — подростки, снимающие каждый момент жизни на камеру. Катя — подруга, с которой можно всё самое главное (молча смотреть на Байкал, разговаривать о свободе, хохотать над чем угодно). Даша — бритоголовая феминистка из Берлина, говорящая с неповторимым акцентом, который мы все перенимаем к концу проекта, с татуировками росянки и гинкго на ноге. Аня — в обычной жизни бегает марафоны, а здесь каждый день плавает в холодном Байкале. Сергей — насекомий бог, отовсюду слетаются к нему какие-то бабочки, усатые жуки, гигантские кузнечики, а он любит их и всё про них знает. Моро — переводчица и путешественница, только что вернувшаяся из ЮАР, где наблюдала за пингвинами и тюленями. Ник — в первый же вечер он быстро взбирается на ближайший холм, чтобы сложить там пирамиду из камней, и всегда носит двойные очки — желтые и черные. Даня — все взяли на проект непромокаемую одежду, а Даня взял три пары модных шорт и три книжки. Мартин — у него светлые волосы и борода, загорелое лицо, морщины у голубых глаз. Он знает двенадцать вымерших и семь живых языков, путешествует только со старыми картами, работает лучше всех. И я сдуваю пыль со своего немецкого.

Утром у костра Мартин достает блокнот, вырывает листы со строчками в столбик.

— Sind das Gedichte? (Это стихи?)

Молчит, продолжает рвать, бросает в огонь:

— Waren das Gedichte. (Это были стихи.)

В обед спрашиваю у него дежурно: «Как работа?» Мартин долго молчит, а потом выдает:

— Я не могу работать. Мне надо помолиться. Синему небу, матушке коричневой земле, сестрам соснам и батюшке Байкалу.

Это его Сергей на тропе научил. Ну а мы, конечно, до конца проекта в любой ситуации поминаем батюшку Байкала. Мартин говорит, что он написал даже маленькое стихотворение на русском, но не может мне его рассказать, потому что оно «18+».

Даша говорит:

— Это так странно. Я ночью вышла из палатки в туалет и подумала: вот на берегу Байкала лежат шестнадцать человек. И дышат.

Когда мы возвращаемся работать после обеда, я слышу, как кто-то долго идет сзади, а потом говорит: Jetzt kann ich dir das Gedicht erzählen. И всего-то «18+» там было — про сиськи Ангары.

Все решают задержаться на работе подольше, чтобы доделать оставшийся участок тропы, а я понимаю, что если подниму кирку еще хоть один разочек, то моя спина просто развалится. И я прихожу к Мартину, сажусь на склон выше тропы и смотрю, как он работает. Мы разговариваем на русском, немецком, английском. И читаем стихи.

Мы каждый день плаваем в Байкале (примерно тридцать секунд — потом коченеют стопы). Долго смотрим в костер после ужина. Таня рассказывает факты о Байкале: по одной из версий ученых, Байкал очень медленно превращается в океан.

Вечером видны огромные звезды, и я завоевываю некоторую популярность, показывая всем, как находить Малую Медведицу.

День 6

Чтобы утром попасть из «спальни» в «туалет», надо перейти две муравьиные тропы. Чтобы помыть руки или посуду, надо сходить в Байкал за водой. Чтобы убрать мусор, ничего нельзя сделать: мусор никуда не исчезает. Не знаю, что учит тому, как устроено всё, лучше, чем пара дней автономной походной жизни.

На другой стороне Байкала впервые за всё время видны синие горы. Волны как на море.

Событие дня: сходили в баню. Второе, менее важное событие дня: смотрели пещеру. За завтраком я прячу в карман шоколадную конфету, чтобы съесть ее в неположенное время. В пещере есть маленький алтарь местным духам, там лежат монеты, а я оставляю конфету, потому что это самое дорогое, что есть у меня в этот момент. Ничего не прошу у духов, просто говорю спасибо. Катя говорит: «Разверни, забери бумажку». И правда, чего мусор оставлять?

В бане смотрю на себя в темное зеркало и думаю, что никогда не выглядела лучше, чем сейчас — со сгоревшей спиной, с ногами, искусанными муравьями, слепнями и крапивой.

Видели зарницы и падающие звезды.

Каждый вечер, укладываясь в спальнике, я подвожу баланс. Каждый вечер он выглядит одинаково. Плюсы: меня не укусил клещ и не залило дождем.

Минусы: здесь нет ортопедического матраса и душа, а в соседней палатке кто-то громко слушает плохую музыку.

День 7

Мартин говорит: «Поработаешь со мной?» И это был, конечно, лучший рабочий день, потому что работа с Мартином учит безупречности. Он делает не чтобы просто сделать, а чтобы он сам был доволен, и не останавливается, пока не сделает именно так. Это практическая магия: ты меняешь мир в правильном месте, в правильное время, так, как мир сам бы захотел. Мне кажется, тропа хочет тут появиться. Это место хочет, чтобы на него смотрели восхищенным взглядом, чтобы по нему ходили легкими ногами. И мы делаем это возможным — добросовестно и радостно. Я знаю, что участки, над которыми мы работаем, еще долго не надо будет поправлять или обновлять, и шагать по ним всегда будет хорошо.

Мартин иногда поет немецкие песни. Я прошу научить меня, и он пишет мне в блокноте четыре строчки, старая песня на сбор урожая, про собирающийся дождь, ритмичная и растянутая, под нее и правда удобно и идти, и работать.

Hejo, spann den Wagen an,
Denn der Wind treibt Regen übers Land.
Hol die goldnen Garben,
Hol die goldnen Garben.

(«Ветер несет дождь над землей, собирай золотые снопы, собирай золотые снопы...»)

После обеда я работаю одна и вдруг ловлю это ощущение, про которое говорил мне Мартин, — удовольствие работать одной, под звук только кирки, а не разговоров. Теперь и во мне тоже горит этот огонь:

я понимаю, как правильно строить, задавать изгиб тропе, следить, чтобы склон был под правильным углом. Работаю много и, кажется, хорошо, и когда Мартин проходит мимо, я понимаю по его взгляду, что у меня получается и правда хорошо.

А вечером нахожу возле палатки бумажного журавлика от тайного друга.

День 8

Прогноз погоды обещает дожди, но мы успеваем поработать до обеда. Видим «байкальского змея» — подводное течение, но выглядит так, как будто проплывает озерный дракон. Пьем чай из чабреца и смородинового листа. Хочется одновременно лежать в палатке с книжкой и сидеть со всеми вместе у костра.

Вечером под шум ливня и завывающий ветер рассказываем в темноте у огня истории о призраках. Даша рассказывает о привидении в своей берлинской квартире, Даня — о ведьме из деревни его бабушки, я — о легендах Лошицкого парка, Ник — о якутском духе, проклявшем строительные бульдозеры.

Ночью ветер дует сквозь палатку.

День 9

Под дождем доделываем тропу, чтобы к вечеру свернуть лагерь и переехать на кордон к инспектору нацпарка — чтобы нас не смыло к чертям. Это трудно — почти так же трудно, как стоять в четыре утра за штурвалом корабля.

В шторм мы бросаем в лодку инспектора свои рюкзаки и другие вещи. Моему места не хватает (чему я втайне радуюсь, потому что не успеваю достать из него документы, а лодка не выглядит особенно водонепроницаемой). Рюкзак, несмотря на мои возражения, забирает Мартин. Свои непромокаемые штаны я отдаю Вере, потому что она помогала укладывать вещи в лодку по колено в воде. Так мы идём три километра по сделанной нами же тропе до кордона, и мне кажется, что я просто иду под ледяным дождём в трусах: термоштаны намокают мгновенно. А ведь только вчера было такое солнце, что у меня сгорели лодыжки.

Байкал под ветром похож на море: такие же волны и упрямо бирюзовая полоса воды у берега. На кордоне мы живём в домике, который называют «барак», что тут же порождает множество новых шуток. Барак увешан сушащимися вещами, словно ренессансными драпировками, на столике разложены овощи, Даня величественно сидит на стуле и читает Ханну Арендт, и в мрачном электрическом свете всё вместе — картина Рембрандта.

Мартин смотрит, как я пишу в блокнот, и говорит:

— Ты для книги всё записываешь?

— Да.

— И что, я уже есть в твоей книге?

Да.

День 10

Можно пройти два километра вдоль берега и попасть в место, где еле-еле ловится связь. Провожу пятнадцать минут в интернете и думаю: лучше б я за это время в горы сходила. Иду обратно и с облегчением вижу, как на месте полосочек антенн связи загорается уже привычный крестик.

Помогаем Мартину учить русский — он каждый вечер пару часов проводит с учебником и блокнотом, мы участвуем, как можем, подсказывая фразы вроде «Я не хочу пить чай с мухами».

Можно снова спать на кровати. Целых три ночи в доме на кровати!

День 11

Говорит: «Ну что, поработаем вместе?»

Мы почти не разговариваем, только несколько слов за три часа. Вот здесь еще разбей. Пониже? Так хорошо. Мартин добавляет в край тропы камни, чтобы укрепить ее, и мы шутим, что строим Великую Байкальскую стену.

После обеда сидим на горе среди серых скал, ярко-оранжевых лишайников и зеленых деревьев. Небо уже два дня в дыму от горящих за тысячу километров лесов.

К вечеру заканчиваем наш участок тропы. Проходивший мимо турист фотографирует нас с инструментами.

— Ну как вам наша тропа?

— Хорошая тропа...

— Ну а что еще он ответит шестнадцати человекам с кирками?

Сергей дарит мне кусок большеберцовой кости какого-то зверя, байкальскую водоросль и сделанный им самим деревянный волчок.

День 12

Мы отправляемся пешком в село на берегу Байкала — помогать художникам готовить фестиваль. Двадцать километров, отличная прогулка. Валяемся возле воды, как нерпы. Ну, скорее, как вонючий омуль — двенадцатый день все-таки, чистой одежды не осталось почти ни у кого.

Выходим в цивилизацию, а там — машины, люди, лужи, ямы, музыка, детский военно-патриотический лагерь. Всем хочется обратно в глушь без связи. Но потом думаю, что это тоже такое испытание на прочность. Если я смогу сохранить свой Байкал даже среди военно-патриотического лагеря, то смогу и в городе потом.

Арт-резиденция соседствует с лагерем. Художники выглядят как художники: цельный оранжевый комбинезон, дреды, татуировки, бирюзовые волосы. Мы выглядим как люди, жившие десять дней в лесу. Наверно, наша встреча выглядит со стороны очень живописно.

День 13

Даша красит губы. Аня говорит:

— У тебя губы чем-то испачкались.

Площадку фестиваля надо очистить от коровьего говна. Когда я прихожу туда, то вижу, как в одном месте коровье говно сложено аккуратной пирамидкой, сверху лежит какой-то шлепанец. Арт-объект, думаю. А потом приходит Мартин и рассказывает, что это ему стало скучно просто чистить поле. Так мы становимся участниками фестиваля, совершив одновременно инсталляцию, интервенцию и перформанс.

Решаем ужинать в кафе «Уютное». Там действительно уютно: два котика, бутылка розового вина и много еды. Разной! И ничего с тушенкой.

День 14

Фестиваль на берегу Байкала гремит до трех ночи. Играет панк и техно, молнии бьют в озеро, дождь бьет в меня, я танцую — это хорошее завершение всего.

Мы разъезжаемся утром. Идет дождь. Sieh, der Wind treibt Regen übers Land, hol die goldnen Garben. Собирай золотые снопы, собирай золотые снопы.

Малый магический атлас Чехии. 25 записок о чешских городах

Брно

В Брно драконами называют крокодилов, трамваи украшают гирляндами, а шоколадные пирожные — морской солью.

Вранов-над-Дыйе

Во Вранове-над-Дыйе есть замок, составленный из частей разных эпох и существующий поэтому одновременно в нескольких временных пластах. В одном из них продается черничное мороженое, в другом из окон звучит фортепианная музыка, а в третьем освежающе брызжет маленький фонтан.

Зноймо

Жители Зноймо делают вишневую наливку и держат ее на подоконниках, чтобы напиталась солнцем. Дома здесь охраняют каменные рыцари и львы.

Иванчице

В Иванчице есть зеленый мохнатый дом, заброшенная церковь с призраками, музей, в котором живет добрый дух Альфонса Мухи, и сад, где продают розовое вино с яблочным привкусом.

Йичин

В Йичине детские площадки строят по чертежам Архимеда, на главной площади развешивают полотенца, на домах — каменные виноградные грозди, а все дела в этом городе надо успеть сделать до полудня.

Клетнице

В Клетнице случайных путников завлекают запахом гиацинтов, узорчатыми стульями и маленькой полосатой кошкой. Некоторым удается выпить здесь хороший кофе, но не всем. Самое интересное в Клетнице скрывается за тяжелой кованой дверью с ручкой, похожей на драконье крыло, но дверь эта почти всегда закрыта.

Кромержиж

В городе Кромержиже на домах изображают четырехлистный клевер, чтобы удача сопутствовала не только тем, кто живет в этом доме, но и всем, кто случайно увидит счастливый символ. В городских садах живут павлины, а в городских витринах отражаются белые воздушные шары.

Кутна Гора

В городе Кутна Гора собаки ходят по заборам, как коты, жители выращивают на улицах магнолии, развешивают на своих окнах крошечные фонарики, а двери красят в ярко-голубой цвет.

Леднице

В Леднице можно заблудиться в старом парке, узнать дорогу у птиц, подняться на минарет или заглянуть в тропические оранжереи, чтобы написать свое желание на запотевших стенах.

Липно-над-Влтавой

В Липно-над-Влтавой люди ходят по вершинам деревьев, как по тропинке к себе домой, в хорошую погоду передают приветы своим родственникам, живущим в предгорьях Альп. А те, кто не любят высоту, плавают на белых лодках по огромному озеру.

Литомышль

В городе Литомышле играют в шахматы на скамейках, на стенах в спальне рисуют те миры, где хотят побывать во сне. Полы здесь выкладывают мозаикой из плитки. Летом в ледяной кофе добавляют миндаль.

Луков

В старом замке в лесу недалеко от Лукова живут летучие мыши и пауки. В стенах его лежат кости, стеклянные бутылки, змеиная шкура и осколки узорчатой плитки. Даже если сам замок разберут по камню, его образ будет являться каждому путнику в этих лесах.

Микулов

В Микулове хозяева вместе с собаками выглядывают из окон и вместе комментируют происходящее, коты лежат в тени, а местные жители по выходным ходят друг к другу в гости со своими диванами.

Наход

В городе Находе в орнаментах изображают летучих мышей, крыши церквей покрывают медью, а на дорожных знаках рисуют слонов.

Оломоуц

В Оломоуце принято в дождь сидеть дома, в спорных ситуациях прислушиваться к советам маленьких бронзовых черепах, а в белых арках домов — писать о любви по-немецки.

Павлов

В Павлове местные демоны делают путешественников невидимыми для официантов, но заклинание снимается с первым глотком вина, после чего путешественник может наслаждаться всеми преимуществами материального мира: наблюдать за подрезкой винограда, нюхать цветущие вишни и исследовать развалины белого замка.

Пльзень

В Пльзене золотой свет хранится на дне реки, слоны охраняют дверные проемы, а дети играют среди гигантских голов, растущих из земли. Свои желания здесь принято рассказывать серебряному ангелу без лица.

Прага

В парках Праги весна наступает раньше, чем во всём остальном городе. Статуи здесь общаются с чайками, а городские шаманы создают двойников города из радужных мыльных пузырей — желающие могут попробовать шагнуть в переливающийся разноцветный мир.

Пец-под-Снежкой

В лесах вокруг Пец-под-Снежкой живут лилипуты и великаны, расставляют маленькие стулья в ручьях и огромные — на лесных опушках. Спящие драконы здесь выглядят как старые побелевшие стволы деревьев.

Славонице

На стенах домов в Славонице крылатые люди поднимаются по лестницам в небо, а соседствуют с ними петухи и драконы. Лето здесь закатывают вместе с лимонным сиропом в стеклянные зеленые бутылки. Еще в этом городе есть памятник невидимому страннику.

Тельч

В городе Тельче есть замок, стоящий на берегу пруда, и замок, отражающийся в пруду. В замке, стоящем на берегу, выращивают сорок два вида фуксий и слушают средневековую музыку, а в замке, отражающемся в пруду, выращивают речной жемчуг и слушают шелест водорослей.

Тршебич

В городе Тршебиче некоторые окна смотрят на кирпичные стены, а некоторые — на другие миры.

Через речку переброшено пять мостов, по одному из них ходит поезд, перевозит вчерашние сны.

Трутнов

В Трутнове живут каменные драконы, по улицам расхаживают каменные леопарды, а аптекари выращивают каменные лекарственные растения прямо на стенах домов.

Чейковице

Винодельческая деревня Чейковице под землей больше, чем над ней — в подвалах и подземных ходах, построенных тамплиерами, призраки рыцарей проверяют качество вина.

Чешский Крумлов

В Чешском Крумлове гигантские каменные пальцы осторожно придерживают углы домов, чтобы те не улетели в небо. Здесь пишут стихи веслами на воде, едят вафли с клубникой и рисуют орнаменты на стенах замка розовым закатным светом.

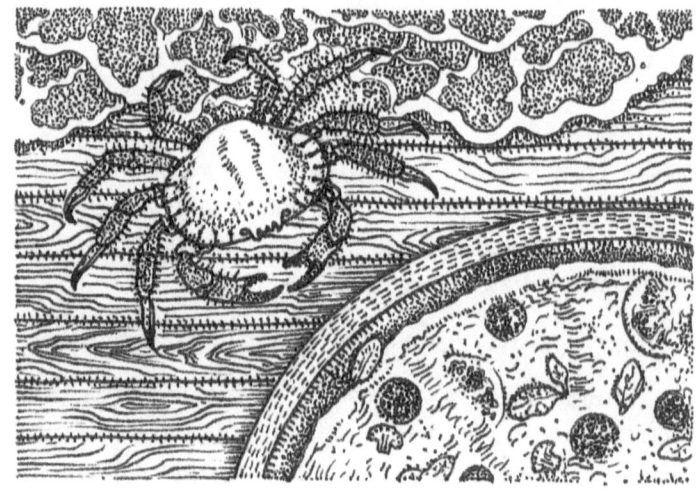

Маленькая Италия

С другими городами еще надо присмотреться друг к другу, а Римини сразу говорит: к черту эти условности, сколько того времени, давай же сразу любить! На всём побережье в последний день сентября купается только один человек (это, конечно, я, и меня кусает за ногу краб). В первый день октября в семь тридцать утра на пляже только мужик в серой куртке и усталые спящие детские карусели. Не сезон: из всех развлечений — смотреть на город, который собирается на работу. Велосипедисты замотались в шарфы, я в легком платье. В корзинах у велосипедистов шуршат сухие листья. Я завидую чувству вкуса итальянцев: к синему плащу они обязательно наденут оранжевый платок, а к бордовым брюкам — фиолетовый свитер и шляпу.

Если долго сидеть на белоснежном мосту Тиберия, можно увидеть, как греется на нем маленькая ящерица, а из зеленой воды под мостом два раза выпрыгивает толстая черная рыба. Если долго сидеть под деревом в итальянском парке, можно увидеть дедушку на пробежке, детский сад на выгуле (розовые накидки, белые кепки) и сценку, достойную короткометражки: белая маленькая собака Майя без поводка, ее хозяин и велосипедист, который чуть не падает, пытаясь объехать мечущуюся Майю. Следующие десять минут он оживленно беседует с хозяином Майи и с ней самой, счастливой от такого количества внимания. Если долго сидеть в колоннаде за барным столиком закрытого на зиму кафе, то можно услышать, как проходящая мимо девушка говорит по телефону про Марину Абрамович, из рыб-фонтанов начинает литься вода, а рядом с шумом оживает цветочный рынок.

Чтобы вызвать уважение у местных, достаточно заказать эспрессо без сахара.

В Римини подростки назначают свидания у моря. На стенах здесь пишут «друзья мира» вместо ругательств. На церквях вместо лиц святых — мозаика с маяком и парусами. К церкви примыкает баскетбольная площадка и кинотеатр. Идешь по дороге, а не по плану: еще только половина одиннадцатого, а со мной уже случилось чудес на месяц вперед.

Языкового барьера в Италии не существует. Я фотографирую огромное старое оливковое дерево, растущее в центре перекрестка с круговым движением. Проезжающая мимо пожилая велосипедистка весело кричит мне: «Белло, э?» — «Э, — отвечаю я. — Мучо белло». Как они вообще живут в такой красоте? Даже мусорный ящик, щель в стене и выползающий из горшка суккулент составляют вместе шедевр композиции и цвета, достойный художников Ренессанса.

Уезжаю из Римини. В городе-крепости Градаре легко попасть на обед и сложно — на крепостные стены. Жители здесь торгуют ерундой и макаронами, а охраняет крепость старый кот с обгрызенным левым ухом.

В Сан-Марино к лесным алтарям приносят горшки с алоэ, а в фонтанах плавают оранжевые рыбы. В Сан-Марино уходят в горы, чтобы читать книги. Фуникулер в Сан-Марино для слабаков. Не для слабаков — тропа с подъемами и спусками, полными фиолетовых цветочков. Идти непросто, но помогают упрямство, хорошие ботинки, открывающиеся пейзажи и чувство собственного превосходства. А еще мысль о пицце, которую я съем целиком в первом же ресторане.

В Болонье пахнет так, что есть хочется всегда. Дворцы, башни и соборы настолько красивы, что хочется скорее в знакомый пейзаж панельных домов под низким облачным небом. Поэтому я рассматриваю не дворцы, а лавки, их продавцов и посетителей, книжки, открытки, марки, ткани, хозяйственные инструменты, скрипки, пасты и сыры.

В Равенне поют на улице и играют на виолончели в закрытых музеях. Пыльно-розовые базилики окружены темно-зелеными кипарисами, а внутри мозаики сияют золотым и синим. На мозаиках — святые, корабли, города, птицы. Подслушаешь разговор местных — узнаешь, где самое вкусное в городе мороженое.

Последние несколько вечеров в Италии я прихожу на пляж смотреть, как бирюзовая вода становится сначала синей и золотой, как византийские мозаики, а потом — почти белой с розовой пеной.

Путевые заметки.
Часть 2

Берлинские фотопленки

В первый день в Берлине я вижу наклейку «Berlin doesn't love you», прямо под ней наступаю на бутылочный осколок и весь день оставляю за собой кровавые следы. Вначале город кажется хаотичным, наполненным советскими призраками Восточного Берлина и модерновыми домами Берлина Западного. Слишком много транспорта, желтых и красных городских электричек, машин, велосипедов. Слишком много людей.

Берлин проявлялся, как фотопленка.

Портреты. Австралийка с фамилией Кошка рассказывает, как они вместе с детьми придумывали и делали фильмы. Театральный актер Че делает для нас сырное фондю на походной газовой горелке. На набережной за Варшауэр-штрассе стоит диван — мы на него, конечно же, усаживаемся. По реке проплывает лодка, и двое в ней подгребают к нам, чтобы расслабленно поинтересоваться, нет ли у нас открывашки для пива.

Интерьерная съемка. Блошиные рынки, книжные лавки, цветочные магазины на углу с охапками мелких ромашек. Турецкий магазин орехов, сладостей и пряностей, где можно было потерять голову от запахов: зёрна кардамона и анисовые звезды, десятки видов перца и рахат-лукума. Магазин этнических музыкальных инструментов — гонги, буддистские колокольчики, деревянные трещотки, барабаны всех размеров, диджериду, флейты и поющие чаши. Там всё пело, к чему не притронься.

Репортаж. Нефункционирующий аэропорт отдали горожанам, и так в городе появилось огромное пустое пространство взлетно-посадочной полосы, где под мрачными тучами летают разноцветные воздушные змеи. Два энтузиаста разбили сад на месте пустыря, и теперь там растут подсолнухи, клубника, кабачки, свекла и капуста. Рядом с огородом — веломастерская, библиотека, кафе. Городские жители задумчиво смотрят в зеленые кроны деревьев, играют в шахматы или настольный футбол. В старом железнодорожном депо однажды ученые нашли каких-то редких насекомых и решили их охранять — сделать парк. Деревья проросли сквозь железнодорожные пути, и мы гуляем по ним как по парковым дорожкам, залезаем в старый черный паровоз, встречаем мышь и заросли мелкой, кислой дикой ежевики. С местного рынка, где кружат осы над рахат-лукумом и мрачно смотрят турецкие старухи, мы уносим ящик манго за один евро, хлеб и греческие сыры.

В последний вечер мы сели не на тот автобус и чуть было не уехали в Польшу вместо центра города. Нас спас молодой берлинский музыкант, указавший на нашу ошибку и развлекавший нас всю дорогу рассказами про берлинскую богему. Когда мы вышли все-таки в нужном месте, кто-то под мостом играл на барабане, и этот звук, теряясь среди углов высотных зданий, становился общим ритмом города, возникающим из ниоткуда.

Таллинн

Первое впечатление от Таллинна — слякоть по щиколотку, мокрые джинсы, мгновенно покрывшиеся солью ботинки. Второе — отели-небоскребы, соседствующие с деревянной застройкой девятнадцатого века и панельными многоэтажками. Никакого духа места я не чувствую, пока голодная и упрямая шлепаю в старый город.

В старом городе ныряю в подвальный ресторанчик. Внутри абсолютно пусто, а энергосберегающие лампочки стыдливо укрываются грубой льняной тканью. Главное там — это запеченное яблоко на десерт. Мед и грецкие орехи, ежевика и пряности, кисло-сладкое сердце в оболочке из слоеного теста.

Когда-то Таллинн был крепостью, у подножия которой плескалось море. Сейчас море отодвинулось на приличное расстояние — до него еще нужно шагать. Старый порт пустует; ступеньки покрыты обледеневшей снежной кашей, но когда видишь перед собой море, всё становится на свои места.

Из морского порта логично пойти в морской музей — в башне Толстая Маргарита предостаточно навигационных инструментов и морских карт, да еще и медный водолазный скафандр в придачу. Можно выйти на крышу и увидеть в соседнем окне человека за бумажной работой и восхититься этой возможностью рутины в древней башне с мощными стенами и узким окном с видом на шпиль собора святого Олава.

Церковь Нигулисте, святого Николая, покровителя купцов и мореплавателей, — старая и огромная, разрушенная и перестроенная несколько раз. Внутри есть документальные фотографии с башней, переломленной пополам, как сухая веточка. В церкви проходит выставка про пляску смерти, гробы с львиными мордами, синие витражи, рельефные плиты на полу — гербы, орнаменты, даты. Я аккуратно ставлю ноги на край цифры 1623 и сижу, глядя в витраж, кажется, до самого закрытия.

В самой старой аптеке — ящики с засушенными цветами, парящий под крышей крокодил и волшебный синий сосуд, сквозь который можно смотреть на ратушную площадь. Часы на башнях в этом городе отсчитывают разное время: на одних всё время без пяти минут пять, на других вообще нет стрелок, а в 16.48 колокол объявляет о наступлении двух часов.

Покупаю, несмотря на оттепель, шерстяные варежки с красивым узором. Пожилая эстонка на рынке в оттепель не верит; еще увидимся — флегматично говорит она, намекая на предстоящие морозы — или на возможность возвращения.

Рига

В один момент ты сидишь в пафосном ресторанчике посреди стареющей Европы, за столиком, застеленным кремово-белой скатертью, с красной розой в маленькой вазочке, и не знаешь, какой из трех разложенных на столе вилок есть черную лапшу с тремя сортами рыбы. А уже в следующий — ты сидишь на металлическом стуле снаружи кебабной, жуешь кебаб, сделанный меланхоличной барышней с парочкой сережек в носу, смотришь на кружевную занавеску в окне дома напротив и чувствуешь себя единственной на всю улицу достопримечательностью, если судить по взглядам прохожих.

Где-то между этими двумя точками — бесчисленное множество прекрасных мест в Риге. Деревянные дома с огромными, похожими на воздушные шары кактусами на подоконниках. Книжный магазин, где можно купить «Путешествия натуралиста на корабле «Бигль», путеводитель по Тибету и альбом архитектурных рисунков. Бывшие ангары для дирижаблей, сделанные как будто из черного кружева; их полукружия повторяются в арках железнодорожного моста. В дверях булочной дама говорит своей маленькой собачке: «Ох, дорогая, посмотри только, какая погода! Тебя не унесет ветром?» В полосатых палатках на ярмарочной площади — вязаные рукавицы, медовые свечи, тыквенные мармеладки, травяные чаи, глиняные черепахи и стеклянные ангелы. Вращается карусель, в котле дымится глинтвейн, на маленьких столиках стоят фонари со свечами.

Пожилой велосипедист кормит местных котов мелкими серебристыми рыбешками из пакета от овсяных хлопьев. Закатное солнце подсвечивает золотисто-розовым пролетающих над городом чаек, и в городе пахнет морскими водорослями.

Нида

Маленькая деревушка на песчаной косе, которую рано или поздно слижет Балтийское море. Флюгеры и сосновый воздух, пирсы и парусная регата.

Дюны — это другая планета. Даже несколько других планет: сначала белый песок, цепочки следов, редкие хвосты зеленой травы. Потом — мелкие желтые цветы, маленькие деревья. Потом — плотно покрывающий землю чабрец и большие мохнатые бабочки, лениво летающие в медовом запахе. Хочется остаться здесь навсегда. Лежать в песке, не заботясь о таких глупостях, как покрывала, слушать ветер в правом ухе и пресные волны залива.

Кто-то, кажется, развоплотился и все-таки остался там навсегда — судя по брошенной одежде и трем пустым банкам пива. Совершенно невозможно смотреть на банки пива в таком месте, и я складываю их в свою походную авоську, так что — когда выхожу из дюн — я не только просветленная, как бодхисаттва, но и мелодично позвякиваю, как буддистский монах с ритуальным жезлом с колокольчиками.

Львов

Главная особенность встречи со Львовом обеспечена расписанием поездов: морозные шесть утра застают нас на привокзальной площади, и мы, всё еще не проснувшись, медленно бредем в сторону центра.

На самом деле, конечно, это подарок любому путешественнику — два часа просыпающегося города, продолжение твоего собственного сна, город, еще только открывающий глаза. Город из синего становится серым, а из серого — золотым. Город начинает разговаривать — грохотом трамваев, взлетающими голубями на пустой площади, чьими-то редкими шагами по мостовой, скрипом тележки, нагруженной книгами, открывающимися окнами и дверями.

Важно удержаться от искушения зайти в круглосуточные сетевые забегаловки и дождаться открытия кофеен и кондитерских, где путешественников ждет черный кофе и вишневый штрудель. Кофе настолько крепкий, что я уже не верю в бессонную ночь, а штрудель настолько вишневый, что я задумчиво вывожу на тарелке слово SOS.

На старом кладбище задумчивые каменные ангелы, заросшие плющом и мхом надгробные камни с нечитаемыми буквами, красные и белые лампадки. В старом музее скрипучие полы, могучие лестницы, строгие бабушки, стеклянные витрины. За этими витринами — расписные тарелки с зелеными птицами и жизнерадостными мельницами, переливы света в стеклянных бокалах и часы с тонкими стрелками. Этот город умеет останавливать время.

Грузия

В горах в марте так солнечно, что у меня мгновенно обгорают щеки. На следующий день опускаются дожди, снега и туманы. В нашем доме старые лестницы, скрипучие двери, неудобные душевые, протертые ковры, полосатая толстая кошка. В столовой — портреты грузинских семей, над камином — куклы в национальных костюмах, у многих не хватает частей тела. На столике рядом с камином — нарды, вместо утерянных шашек — крышечки от пластиковых бутылок. Пыльные комнаты, тяжелые одеяла. Если выйти на балкон в час ночи, то слышно, как шумит горная река, как звенят низкие, яркие звезды, как неторопливо идут по улице лошади.

Рим

Рим играет со своими жителями в шахматы на стенах домов, предсказывает им будущее картами таро, наклеенными поверх карт метро. Город Рим сделан из домов цвета опавшей листвы, сделан из кофе и воды — мутной, бутылочно-зеленой воды в реке Тибр и прозрачной воды, которой плюются боги, люди и звери в бесчисленных городских фонтанах. От этих вод замедляется время, идет сонный морок по городу, развеять его можно только бесконечными чашками кофе на полглотка: крепкое горькое противоядие. Если в Риме выпить воды из всех этих городских фонтанов, можно стать кем-то другим, забыть свои слова, мечты, дела. Превратиться в одного из расслабленных римлян в городских садах: рисовать, слушать музыку, играть в футбол, обниматься с возлюбленными.

Гамбург

В комнате хостела — Мария, Кристина и Мария-Кристина (я ничего не придумываю). Кристине 62, она из Мексики, проработала всю жизнь на административной работе, вышла на пенсию, поступила в университет изучать философию, а сейчас вместе с сыном путешествует по Европе. Мария-Кристина — из Германии, она сплавляется на каяках по всем рекам мира. Мария — это я. Хозяина хостела зовут Чен, на кухне палочек больше, чем вилок и ложек вместе взятых, на тарелках нарисованы усатые синие драконы, а пахнет на этой кухне так, что лучше об этом не знать человеку, у которого на завтрак только органически сертифицированный йогурт (я купила его на деньги, вырученные от сдачи пустых пластиковых бутылок в местном супермаркете).

Зато обед у меня в маленьком кафе на пять столиков, и хозяин ставит передо мной тарелку супа со словами «я люблю тебя» (и повторяет это еще раз, ставя передо мной салат, на случай, если я не поняла в первый раз). На ужин я покупаю фрукты на маленьком рынке через три улицы, продавец рассказывает про Турцию, его папа дает мне дольку дыни в дополнение к купленной клубнике, а чёрный дрозд в это время ловко крадет ягоду голубики. Чтобы не повторять трюк с йогуртом, следующим утром я отправляюсь на рыбный рынок — там можно купить себе сэндвич и жареных кальмаров.

В Гамбурге я две недели учусь журналистике. В строгом офисе газеты Zeit так и не решаюсь налить себе воды, зато в профсоюзе журналистов всем наливают шампанское. Сегодня наша преподавательница — веселая девушка, делающая «гиперлокальную» газету (офис — бывшая студия йоги с надписью на стене «Да будут счастливы все создания»), а уже завтра — руководительница отдела расследований в Spiegel (хайтековский небоскреб с лестницами-зигзагами).

Каким бы маршрутом я ни гуляла по Гамбургу, вечером я всегда выхожу к гавани и смотрю на корабли.

Море, Балтика

В лесу хожу босиком — всё мягко пружинит под ногами. Падаю в мох, смотрю в небо. Лениво размышляю: вот как хороша северная природа, никаких клещей. Поднимаюсь, смотрю себе за плечо — и с ужасом обнаруживаю на спине стаю черных мошек. Так после пятнадцати минут медитации еще пятнадцать минут прыгаю и размахиваю полотенцем.

Если уметь плавать в холодной воде, то тебе одной достанется практически всё побережье Балтики. Ну, и еще десятку «моржей». Никаких медуз, морских ежей, хищных рыб и прочих нежностей теплых морей.

За пять дней я, если не считать продавцов и официантов, говорю только с двумя людьми. Сначала женщина с туристическим рюкзаком спрашивает меня, преувеличенно четко артикулируя: «Море? Балтика?» Да, говорю. Море, Балтика. Первый поворот направо и дальше всё время прямо, пока не упрешься в море, Балтику.

Потом пожилой мужчина, подпрыгивая, как и я, на волнах, осторожно интересуется:

— А долго еще так мелко будет?

— Да, вон видите — вдалеке люди стоят всё еще по пояс в воде?

— Ну оно-то да, а может, там потом яма?

— Может, и яма.

— Унесет потом прямо в Швецию... или куда там...

Я как раз этим утром изучила карту, заинтересовавшись противоположным берегом моря, Балтики, поэтому авторитетно подтверждаю, что унесет именно в Швецию.

Для любых других разговоров я знаю по-литовски десяток самых важных слов и выражений: доброе утро, добрый день, да, спасибо, черный кофе, солнце, янтарь, февраль, море.

Амстердам

Мы приезжаем в Амстердам, чтобы сходить в музей Ван Гога. Хозяина комнаты, где мы останавливаемся, зовут Винс. Винсент. В музее Ван Гога мы пропадаем на весь день, после чего вываливаемся наружу, в твердую, не переливающуюся золотыми спиралями реальность, и долго не можем отдышаться, сидя на лужайке неподалеку. Лужайка только что покошена. Вокруг пахнет травой и травкой.

Амстердам полон красоты. Только успеваем толкать друг друга в бок:

— Смотри, смотри, какой красивый мужчина в зеленом пальто!

— В красных штанах!

— С белыми волосами!

— С синим зонтом!

Амстердамские дома похожи на плитки шоколада. В витрине на коричневом блюде лежат луковицы цветов, точь-в-точь как на одной из картин в музее. В бывшем трамвайном депо мальчишки-подростки играют джаз. В маленьком магазине, куда мы забредаем в поисках еды, нас встречает черный кот и продавец-египтянин. Черный кот недружелюбен, а продавец дарит нам на прощание по конфете.

Сидим в парке, едим свою добычу, смотрим на небо. Парк, кстати, был имени Тео Ван Гога.

Смилла, Бьорк и я

Я не сторонница поездок в духе «выйти за хлебом и случайно покинуть страну». Мой обычный горизонт планирования — хотя бы пару месяцев. Но, пролистывая статью о лучших событиях декабря, увидела, что через неделю в Копенгагене будет концерт Бьорк. Билеты еще были — и на концерт, и на рейс Ryanair из Каунаса. За пару часов я составила подробный маршрут со всеми переездами и ночевками. До вылета оставалась неделя.

Я начала слушать Бьорк в пятнадцать лет на волне увлечения всем скандинавским и вообще севером, который, со своим простором и холодом, конечно, так отчетливо слышался в этой странной музыке. Меня завораживало ее стремление соединить в одно целое мелодию, визуал, науку и природу. Музыка дополняется видео с мейкапом и костюмами, которые вызывают мысли скорее о цветах, насекомых или инопланетянах, чем о привычном в индустрии развлечений желании понравиться. Альбомы Бьорк похожи одновременно на научное исследование и произведение искусства — собственно, «Биофилию» и называют scientific musical. Он выпущен в форме интерактивного приложения и обучающей программы (городской совет Рейкьявика даже официально включил его в программу городских школ на пару лет, а нью-йоркский музей современного искусства MoMA — в свою постоянную коллекцию). Пару лет назад я смотрела в кино видеозапись концерта Бьорк — и это одно из самых сильных моих кинематографических впечатлений. Ездила на биеннале современного искусства в другой город: одной из работ была комната виртуальной реальности, созданная Бьорк по мотивам ее песен и клипов.

Копенгаген тоже давно стал важным городом на внутренней карте. Я прочитала «Смиллу и ее чувство снега» Питера Хёга и навсегда влюбилась в главную героиню (в чем-то как раз похожую на Бьорк) — неспокойную гренландку в благополучной Дании, лучше всего разбирающуюся в том, как устроена математика и снег, вынужденную искать правду о смерти своего маленького друга. Большая часть действия разворачивалась именно в Копенгагене, и мне давно хотелось пройти теми улицами, которыми ходила Смилла. Было так неожиданно читать о женщине вне традиционных стереотипов, о женщине, которой математика, снег и лед нравятся больше, чем любовь. О женщине из Гренландии, бросающей вызов аккуратному датскому образу жизни с его свечами и печеньем и бьющей, если надо, врага коленом в живот. Восстанавливающей справедливость после смерти маленького мальчика. Так всё совпало: Бьорк, Смилла, Копенгаген.

И вот выходишь из самолета в кромешную тьму, а кромешная тьма пахнет морем. Выходишь из тьмы в аэропорт, аэропорт пахнет булочками. Преимущества безбожно ранних рейсов в том, что тебе достается город только со сна, едва открывший глаза, еще не заправивший кровать. Машины-мусоровозы убирают улицы, люди целеустремленно шагают на работу, открываются кафе и магазины. Кофейни выглядят так красиво, что я три раза прохожу мимо, прежде чем решаюсь зайти внутрь и позволить себе выпить кофе. Девушки ходят в легких юбках с цветочным принтом, юноши — с голыми щиколотками (на мне термоштаны, теплые носки и канадская шерстяная кофта с вышитыми лосями).

Что я вижу в первые пятнадцать минут? Вот папа с двумя маленькими детьми стоит и, никуда не торопясь, наблюдает, как специальная служба обрезает ветки деревьев, придавая им нужную форму. Вот девушка со стаканчиком кофе выходит из какого-то дворца и заходит в дизайнерскую студию рядом, обнимается с людьми внутри. Вот мужчина с седой бородой курит трубку в арке дома.

В Копенгагене — записываю я в блокнот — драконы держат фонари, жители носят шляпы в форме звезд, а улицы здесь называют в честь животных — улица Дельфинов, улица Крокодилов... На фудкорте две немолодые женщины в гномьих красных шапках весело выбирают продукты по списку, торжественно вычеркивают обретенное. Пока я покупаю пирожок, они — бутылку чего-то розового. На набережной классическая позеленевшая от времени скульптура: на голове каждого героя надета аккуратная вязаная шапочка. Повсюду лампочки, цветы, кофе — господи, это и правда выглядит как картинка в журнале. Каждый момент здесь выглядит как картинка в чертовом журнале; как они живут среди этого невыносимого хюгге? Я, конечно, понимаю, что магия не в гигантском расходе свечей, а в системе налогов. Но всё равно не верю, что это реальность, а не постановочная сцена в кино — приходить на работу в эти студии, оформлять эти витрины, варить этот кофе.

Я пытаюсь найти в этом городе Смиллу. И сначала не вижу ее в этих аккуратных улицах, в этом идеальном дизайне витрин. Я иду гулять в тот район, где жила Смилла, и выхожу — случайно, конечно, — к центру культуры Исландии, Фарерских островов и Гренландии. Исландии, откуда родом Бьорк, Гренландии, откуда родом Смилла. Снаружи культурного центра стоит полигональное иглу с надписью free art — я, конечно, заползаю внутрь. А внутри — зеркала и сине-зеленые сполохи. Похоже на ощущение, когда ты на корабле поздно вечером, и синее текучее отражается в синем небесном, а ты просто подвешена посреди этого вместе с мачтой. Вылезаю и только после этого читаю описание: идея пришла художнику Трондуру Патурссону, когда он вместе со своим другом-исследователем ходил в плавание на примитивных судах, и однажды они с десяток часов провели по пояс в воде ночью. Ага. Сила искусства как она есть.

Внутри культурного центра — выставка черно-белых фотографий из Исландии, Фареров, Гренландии: пушистые собаки, застывшие следы белого медведя, маленькие домики, суровые ветра, глубокие морщины на лицах. Север — это сохранившееся пространство мифа, и этот миф говорит с тобой напрямую — снегом, темнотой, морем. Мы в нашем рациональном мире чувствуем тоску по мифу — по разговору с чем-то, что больше тебя и совсем другое, чем ты. Фотография — то, что может сделать этот невидимый разговор явным. Расплывчатые силуэты — не просто технический прием или ошибка фотографа; это способ показать, как потусторонние тени гуляют, когда наступает полярная ночь. Пока я рассуждаю о мистическом, я понимаю, что это именно то, что мне так нравится в музыке Бьорк. Ей всё это не надо объяснять словами.

Снаружи культурного центра — корабль. Деревянный трехмачтовый корабль, пришвартованный в канале. Я думала, что это часть экспозиции, но девушка на рецепции не смогла ответить, откуда он. Я пятнадцать минут ходила мимо корабля, прежде чем решилась заговорить с одним из ребят, делавших на нем ремонт. Оказалось, что это датский корабль, построенный в пятидесятые для кино. До сих пор ходит через Атлантику и по всему свету — для кино, экспедиций, научных и культурных проектов. Кажется, я все-таки встретила дух Смиллы, женщины с севера, в этом городе красивого дизайна и сладких булочек.

А вечером был концерт Бьорк. Перед началом публику несколько раз просят не снимать фото и видео, «быть частью представления, а не инструментом его документации». Потом на сцену выходит хор в народных костюмах — я мысленно называю его «хор ДК Рейкьявик» — и поет медленные народные исландские песни. Одну за другой. Зрители вежливо хлопают, но после четвертой песни я думаю, не ошиблась ли я случайно концертом. Впрочем, после шестой песни хор уходит, полупрозрачный занавес раздвигается, и музыка продолжается.

И вот я своими глазами вижу, как от музыки Бьорк растут разноцветные кристаллы, как медленно плывут светящиеся синим медузы над головой музыкантов, как извергаются вулканы и девушки из хора ходят босиком посреди этих брызг. Не концерт, а спектакль, перформанс в музее современного искусства. Эта музыка прекрасная и временами очень тяжелая и неспокойная. В самом конце — видеопослание от Греты Тунберг, которая говорит о том, что пора принимать настоящие решения, даже если они непопулярны. Ее речь встречают овациями, ведь все любят Грету Тунберг. Я тоже люблю Грету Тунберг, но полчаса до начала концерта я наблюдала, как каждый зритель проходит к своему месту с колой или пивом в одноразовом стакане, с пачкой попкорна или маленькой бутылкой воды. Свою воду в своей бутылке на концерт проносить запрещено. Мне грустно, но потом крошечная Бьорк в светящемся платье на краю сцены протягивает руку к каждой трибуне и каждому, каждому говорит: You are strong! And you are strong! You are so strong! И я думаю, что главное послание Бьорк такое: ты должна сделать красоту из боли, потому что ее больше не из чего сделать.

Камчатка, край земли

Камчатка всегда была для меня краем волшебных историй. Там пять лет прожили мои бабушка с дедом, там родился мой папа. Дед был военным, и Камчатка была его вторым местом назначения. Возможностей для путешествий тогда было мало, так что для них это стало захватывающим приключением: долгая дорога по Транссибирской магистрали, три дня во Владивостоке, три дня на теплоходе до Камчатки — и пять счастливых лет в краю, где песок на пляже черный, а снег на сопках белоснежный. Бабушкины рассказы о тех временах я в детстве любила больше, чем сказки. Она рассказывала, как она впервые увидела вулканы, как дед приносил с Тихого океана морские звезды, как суровый хромой кот был лучшим крысоловом в военном городке.

Увидеть эти места своими глазами мне хотелось давно, и я записалась в экспедицию под парусами. Что ж, значит, снова корабль — пусть в этот раз и небольшая яхта, а не фрегат. Решила, насколько это возможно, повторить бабушкин маршрут. На Транссибирскую магистраль времени не было, но хотя бы на Владивосток — да. Путешествие началось там.

***

Поезд из аэропорта шел вдоль залива. Из кустов у дороги вылетали сороки и серые цапли. В самом городе шел мельчайший дождь, скорее похожий на туман, сквозь который виднелся знаменитый Золотой мост. Я приехала на тот же вокзал, на который пятьдесят лет назад приехали бабушка с дедом. Они тогда приехали безо всяких бронирований: бабушка осталась на вокзале, а дед пошел искать гостиницу — выбил номер в лучшей на тот момент, «Золотой Рог». В городе они первым делом отправились в гастроном, который удивил их количеством вкусной рыбы, потом — в бухту Золотой Рог с ее кораблями и, наконец, в летний кинотеатр, где показывали только что вышедший фильм «Человек-амфибия».

В портовых городах всегда особенное настроение, и я тоже сразу пошла к воде — правда, не в бухту, а на пляж, где всё было уставлено киосками с разнообразной уличной едой, а на деревянных помостах загорали пенсионеры и подростки. Я думала про этот город в тот момент, когда стояла на другом краю Тихого океана, в Сан-Франциско. И вот я здесь.

А потом — дальше в город, и как же он мне понравился! По набережной катались скейтбордисты, в маленьких переулках расцветал разноцветный стрит-арт, а в старом дворике ГУМа нарядные ребята танцевали исторические танцы. В этом дворике я попробовала самые вкусные эклеры в своей жизни. Билеты на фуникулер проверяла кондукторша в розовом платье, с жемчужным ожерельем и кружевными перчатками (фотографироваться она не пожелала). Под Золотым мостом открылся портал в мое детство: маленький дворик, кошка, настурции, флоксы и войлочная вишня. На небольшой площади проходил фестиваль уличной еды и джазовый концерт. Мифические львы охраняли вход в Дальневосточный университет, а черный кот — Ансамбль песни и пляски Тихоокеанского флота. На монументальном мозаичном панно ученые и водолазы соседствовали с китами и морскими звездами.

Как и бабушка с дедом, я провела во Владивостоке три дня, а потом отправилась на Камчатку. Правда, они путешествовали на пароходе: тогда их было три, и самым комфортабельным из трех был «Советский Союз», но им достался самый старый под названием «Азия», на котором бабушку очень сильно укачало. Я была готова повторить этот отрезок путешествия, но сейчас регулярного пассажирского пароходного сообщения между Владивостоком и Петропавловском-Камчатским нет, так что полетела на самолете, переслушивая аудиозаписи бабушкиных воспоминаний: «Когда мы прибыли, в Петропавловске был дождь и низкие тучи. А утром я подошла к окну и обомлела от красоты. Солнце светит. Между сопок, которые вчера были до земли закрыты облаками и туманом, виднелся вулкан с белоснежной шапкой наверху и срезанным конусом. Я замерла от восторга: до чего красиво! Океан — тоже незабываемое зрелище. К земле жмутся развесистые березы и кустарник-кедрач с изогнутыми стволами. Я сначала подумала, что у нас под ногами уголь, но это был песок. Безбрежное море воды, и весь берег черный». Мне досталось место возле окна, хорошая погода и такой же восторг от первого взгляда на город на фоне вулканов.

***

Петропавловск-Камчатский — небольшой город без особых архитектурных достопримечательностей, так что я смотрела на закат из Авачинской бухты и гуляла по пляжу с тем самым черным вулканическим песком, который так впечатлил мою бабушку. А потом наконец ступила на яхту, и началось морское путешествие. В первый день мы исследовали Авачинскую бухту — это одна из крупнейших бухт на планете и главные транспортные ворота Петропавловска-Камчатского. Ее берега изрезаны более мелкими бухточками, поэтому пейзаж, который мы наблюдали с яхты, постоянно менялся. Сияло солнце, искрилась лазурная вода, и темно-серые скалы с зелеными коврами травы на них были видны во всей красе. Мы прошли мимо острова Старичков: он никак не связан с пожилыми людьми, а отсылает к птице обыкновенный старик с ударением на первом слоге. Остров совсем небольшой, скорее похожий на крупную скалу: его впервые описали и зарисовали еще участники кругосветного путешествия 1826–1829 годов. Когда-то люди добывали здесь птиц и их яйца, но потом остров объявили памятником природы для сохранения птичьих базаров. Здесь до сих пор гнездятся десятки разных видов морских птиц — в том числе одна из самых больших камчатских колоний стариков.

По прогнозу нас ожидало ухудшение погоды с усилением ветра, так что дальше мы отправились в бухту Русская — безопасное место для стоянки. По дороге Камчатка сделала царский подарок: рядом с нами плыла стая косаток, тех самых черно-белых дельфинов, которых иногда называют «орка» или «кит-убийца» (хоть это и не совсем точный перевод). Косатки крупные и заметные из-за своей окраски и спинного плавника. Меня поразило, с каким звуком они всплывают: делают абсолютно человеческий вздох. Кажется, им было так же интересно наблюдать за нами, как и нам за ними: они долго плыли возле яхты, так что мы уже начали понимать, кто есть кто в их семье: вот большой дельфин со сломанным плавником, а рядом любопытный малыш. У косаток существует сложная социальная организация (как и, например, у слонов), основа которой — матриархальная семья из самки с детенышами разного возраста. У каждой такой семьи группировки есть свой вокальный диалект, разные группы могут объединяться для общения и охоты, а члены семьи заботятся о более слабых сородичах.

***

Пережидать ветер в бухте Русской пришлось сутки. Узкая, длинная и похожая на фьорд, она когда-то звалась Ахомтен (местное ительменское название). Начиная с восемнадцатого века она используется кораблями для пристанища во время неблагоприятной погоды и для пополнения запасов пресной воды, которая здесь особенно чистая и долго остается свежей в дальних странствиях. В годы Второй мировой тут находился военно-лоцманский пункт: через Тихий океан отправляли грузы гуманитарной помощи. Сейчас в бухте осталось два полузатопленных ржавых корабля с веревочным мостом между ними, на берегу — заброшенные дома и самодельная баня в кабине баржи. По суше нам сказали ходить с фальшфейерами: здесь водятся медведи. Мы убедились в этом на собственном опыте. Ребята из нашей экспедиции отправились порыбачить на горную речку, впадающую в залив. Забрать их на лодке было уже невозможно из-за сильного ветра, так что они возвращались по берегу пешком. Принесли с собой гору свежей рыбы на ужин и историю о том, что гора могла бы быть больше, если бы не медведь: он лениво вышел из кустов и забрал себе часть улова. Я вспомнила, как тревожно вслушивалась в ночные звуки нацпарка Йосемити (не медведь ли трется спиной о дверь моего домика?). Увижу я их только здесь, на Камчатке.

Оставшиеся на яхте наблюдали за более миролюбивыми обитателями бухты. Изящный черный хорек перебежал ручей, две любопытные нерпы выглядывали из воды, морские выдры каланы поедали рыбу, а чайки пытались ее у них отобрать. Про каланов надо рассказать отдельно: это хищные морские млекопитающие семейства куньих. Большую часть жизни они проводят на воде, забавно лежа на спине. Каланы едят рыб и морских ежей, а еще умеют раскрывать раковины камнями. У каланов очень плотный мех, хорошо защищенный от намокания — к сожалению, именно из-за этого меха, ставшего эталоном носкости, на каланов стали массово охотится, так что они оказались на грани исчезновения.

После происшествия с медведем у нас перевернулась одна из надувных лодок (к счастью, не пострадал ни человек в лодке, ни мотор). А та самая самодельная банька загорелась (в тот момент, когда мы в ней парились). И сейчас я с удивлением вспоминаю, что тот день показался мне довольно скучным: стоим целый день в бухте, ничего не делаем!

***

После выхода из бухты Русской нам удалось разглядеть двух горбатых китов. В отличие от косаток, они были не так расположены к общению и держались вдалеке. Но я, если честно, была счастлива даже издалека видеть их фонтаны и хвосты. На китах и косатках общение с морскими жителями не закончилось. Мы подошли к лежбищу сивучей — ушастых тюленей, которых иногда еще называют морскими львами. Это самые крупные представители своего семейства: взрослые самцы могут весить тонну. Весной и летом сивучи образуют лежки на островах и кекурах. Здесь у них формируются и распадаются гаремы, рождаются детеныши и происходит перераспределение территории. Яхты выключили моторы, так что мы бесшумно колыхались возле скал и, не беспокоя животных, смотрели, как тюлени общались, перемещались по лежке, игриво кусали друг друга, плюхались в воду и выбирались обратно.

Короткая высадка на мыс Зеленый: темные скалы, старый маяк на холме. Высокая ярко-зеленая трава дрожала под ветром, водопад струился в Тихий океан, волны мерно бились внизу — и за всем этим приглядывал строгий Вилючинский вулкан вдалеке.

***

После долгого ночного перехода (в море неоновым зеленым светился планктон — и вода в гальюне тоже) мы бросили якорь в бухте Бечевинской. Называется бухта по имени купца Бечевина, организатора второй русской экспедиции на Аляску. В 1960-х здесь был основан секретный поселок Финвал с военным гарнизоном и базой советских подводных лодок. Раз в неделю сюда ходил корабль из Петропавловска-Камчатского, наземного сообщения с другими поселениями не было. Городок опустел в 90-х: гарнизон расформировали, подлодки перебазировали в Авачинской бухте, а население вывезли. Сейчас в Бечевинке остался только один житель — бывший военный Сергей, который вместе с псом Шейхом (он охраняет от медведей, которые шастают в поисках еды) живет тут летом, водит туристов на экскурсии по заброшенному городку и зовет себя губернатором.

Рельеф дна в бухте сложный. Чтобы не сесть на мель, нам пришлось высадиться на лодке. Как и во многих других камчатских бухтах, здесь стоял заброшенный корабль, а над ним, как в горизонтальной аэротрубе, зависали в порывах ветра чайки. Мне не очень близка эстетика заброшек, и город-призрак с его пустыми домами с выбитыми стеклами вызывал грусть, а не ностальгию.

Еще один день — еще одна перемена погоды, в этот раз — туман и дождь. Мы добрались до самой северной точки нашего маршрута — бухты Моржовой. Моржи тут действительно когда-то были, но их не видели в бухте с начала двадцатого века. Также здесь базировалась китобойная флотилия, но сейчас от нее, как и в других местах, остался лишь ржавый корабль. Вместо моржей теперь тут хозяйничают медведи. Впрочем, из-за тумана мы их не увидели.

Оставалось развлекаться рыбалкой и бёрдвотчингом. Морских птиц вокруг на протяжении всего путешествия было очень много. Самые симпатичные — «камчатские попугаи» с веселыми оранжевыми клювами и лапами, из того же семейства, что и тупики, и с не менее смешным названием — топорики.

Топорики смешно разгонялись по воде, ленясь взлетать, часто так и не взлетали — просто ныряли под воду. Еще одна милая и смешная птица, с которой мы познакомились в тот день, — большая конюга. Она черного цвета, с оранжевым клювом, веселым хохолком и безумными белыми глазами. Конюга уселась к нам на мачту-гик и невозмутимо чистила перья, пока все члены экипажа делали восхищенные селфи. Потом устроилась в выемке паруса, да так и заночевала. Мы подбросили птичку до места якорной стоянки в бухте Тихой, а наутро она отправилась по своим делам.

***

Еще одна экспедиция предстояла нам уже на земле: изучение вулкана Мутновского. Дорога закончилась довольно быстро, и дальше нужно было преодолевать поля с острыми кусками застывшей черной лавы, глубокие проталины в снегу и глинистые спуски и подъемы, казавшиеся мне отвесными. Пару раз приходилось выходить из машины, пару раз — применять лебедку и помощь товарищей.

Я никогда не думала, что вулканы — это так красиво. Черная лава. Альпийские луга и множество цветов, устилавших склон розовым и фиолетовым ковром. Медведь, неторопливо переходивший ледник вдалеке, два медвежонка, игравших друг с другом. Взаимовыручка: шесть экскурсионных джипов вытягивали застрявший камаз-вахтовку. Поднявшись на джипах на Мутновский, в сам кратер мы пошли пешком через глину и снег. Наградой стал инопланетный пейзаж, который открывался после.

Мутновский — действующий вулкан, последний раз извергавшийся в 2000-м году. Он состоит из нескольких слившихся конусов с фумаролами — это отверстия и трещины, через которые выходит горячий газ. Фумаролы на Мутновском выделяют соединения серы, так что иногда нужно отворачиваться, чтобы не разъедало глаза, — и не подходить слишком близко, чтобы не провалиться в отверстие с температурой в тысячу градусов. Выглядело это очень впечатляюще даже в ту туманную погоду, которая досталась нам. Вверх уходили серые скалы, под ногами влажно блестели желтые, красные и синие камни, шумела река внизу, где-то из желтых фумарол шел пар, где-то булькала грязь в грязевых котлах. Горячее сердце вулкана.

***

В свой последний день в Петропавловске-Камчатском я решила сделать то, ради чего, по большому счету, всё это и затеяла. А именно — добраться до военного городка, где жили бабушка с дедом. Конечно, я предполагала, что на территорию нельзя попасть и даже въезд на дорогу, ведущую к нему, будет ограничен, но мне очень хотелось хотя бы просто посмотреть на эти места. Так что я нашла ближайшую автобусную остановку и приехала туда. От нее до военного городка было семь километров — и я просто пошла. По дороге собрала мусор из журчащего поблизости ручья, и вскоре после этого рядом притормозила машина.

— Девушка, вы к океану идете?
— Да (для начала решила не вдаваться в подробности).
— Не дойдете. Там военная часть.

— Знаете, мне на самом деле она и нужна! (Тут как раз настал момент для подробностей.)

— Но вы там ничего не увидите.

— Ну хоть для бабушки сфотографирую издалека. А долго еще до нее?

— Прилично. Давайте подброшу.

Так я пообщалась с местным военным, который подвез меня до КПП, послушал мою семейную историю, рассказал пару баек в ответ и вернул обратно к остановке. Несмотря на китов и вулканы, эта зеленая дорога через сопки казалась самым важным приключением. Вечером я в последний раз посмотрела на закат над Авачинской бухтой: над солнцем горело гало.

Через два месяца бабушка умерла. Я успела показать ей Камчатку — такую, какой я ее увидела. Если для каждого есть свой рай, то бабушка с дедом, конечно, там — в их первом утре на краю земли, когда поднимается туман, волны Тихого океана мерно набегают на черный песок, и летит белая птица.

Благодарности

Моим родителям и всей семье, моим подругам и друзьям за поддержку и совместное обсуждение книги (Лера, Маша, Юля, Лиза, Катя, Ханя, Лина, Ваня и многие другие — спасибо), Наталье Поваляевой и Кате Морголь за редактуру, Насте Позняк и Деклану Конноли за визуальное оформление, издательству Skaryna Press за возможность публикации.

Содержание

От автора	5
Корабль	9
Великая Британия	22
Кофе по-чешски	30
Путевые заметки. Часть 1	45
From California to the New York Island	53
Самое северное место	74
Империя света. Венеция в несезон	80
Байкала океан	85
Малый магический атлас Чехии. *25 записок о чешских городах*	98
Маленькая Италия	104
Путевые заметки. Часть 2	107
Смилла, Бьорк и я	118
Камчатка, край земли	124
Благодарности	135

www.ingramcontent.com/pod-product-compliance
Lightning Source LLC
Chambersburg PA
CBHW030118100526
44591CB00009B/448